Susanne Fischer

ANSICHTEN EINER SPÄTEN MUTTER

| Hoffmann und Campe |

1. Auflage 2013
Copyright © 2013 by Hoffmann und Campe Verlag, Hamburg
www.hoca.de
Satz: Dörlemann Satz, Lemförde
Gesetzt aus der Trade Gothic LT Com, Bembo Std
Druck und Bindung: GGP Media GmbH, Pößneck
Printed in Germany
ISBN 978-3-455-50301-2

Ein Unternehmen der
GANSKE VERLAGSGRUPPE

INHALT

1 Der Bauch der alten Schachtel **11**

2 2940 Gramm Glück **21**

3 Von guten und späten Müttern **29**

4 »Wir haben doch unsere Bonsai«
   oder Von den sorglosen Zwanzigern **47**

5 Von der Angst zu springen **71**

6 »Zurück auf null« **93**

7 Das Mädchen in Beirut **119**

8 Der Richtige **131**

9 Wer hat an der Uhr gedreht? **141**

10 Unter Frauen **167**

11 Glucke im Glück **175**

Q Quellen **201**

Aus dem Blog einer späten Mutter

One day, when I was 47, my 5 year old son turned to me and said: »Hey, Mama, guess what *you're* going to be when I grow up?«
Intrigued, I asked him: »What will I be when you grow up?«
»My grandma!« he laughed uproariously.

Chat mit einer Freundin

Alice*: Hallo, meine Liebe, ich habe die Tage gerade erst an Dich gedacht und wie gut sich am Ende alles für Dich gefügt hat. Und wie froh Du sein kannst (wenn Du mir die bescheidene Bemerkung erlaubst), dass keiner der früheren Männer der Vater Deines Kindes geworden ist.
Ich (lache): Haha, ja, *hamdillulah* (»Gott sei Dank« auf Arabisch).
Alice: Weißt Du übrigens, dass Angela* gerade ihr 2. Kind erwartet?
Ich: Nein, das wusste ich nicht. Sie ist aber auch deutlich jünger als wir, oder?
Alice: Nein, sie ist sogar ein, zwei Jahre älter.
Ich: Wirklich? Das ist ja interessant, ich schreibe gerade ein Buch über späte Mütter – und bin immer wieder überrascht, wie viele es von uns inzwischen gibt.
Alice: Spannend! Ich finde ja, dass späte Mütter, also so ab Ende 30, viel geduldiger sind.
Ich: Das wird auch eine Rolle in dem Buch spielen. Und die ganzen Vorurteile, die uns – zumindest hier in Deutschland – begegnen, obwohl die meisten von uns einfach gute Mütter sind.
Alice: Diese Vorurteile gibt es hier auch, selbst in einer Stadt wie New York.
Ich: Es wird auch darum gehen, wie schwer es ist, den rich-

* Namen geändert

tigen Moment abzupassen und wie sehr wir Frauen uns damit quälen, das richtige Timing für unser Leben zu finden – weil sich unsere Eierstöcke leider nicht im Geringsten dafür interessieren, ob wir studieren wollen oder nicht, ob wir erst spät heiraten oder dem richtigen Mann begegnen.

Alice: Ich habe so viele Freundinnen, die erst jetzt, mit Ende 30, zum ersten Mal stabile Beziehungen oder überhaupt über längere Zeit einen Partner haben. New York eben! Und die meisten von ihnen wollten immer Kinder. Was hätten sie denn machen sollen? Sich einen Samenspender suchen und als Alleinerziehende in einem Ein-Zimmer-Apartment in New York leben?

Ich: Schwierig ...

Alice: Jetzt lassen viele von ihnen ihre Eizellen einfrieren – um Zeit zu gewinnen.

Ich: Aber das ist doch noch sehr schwierig und die Technik noch nicht sehr ausgefeilt?

Alice: Es ist nicht ideal, aber sie haben das Gefühl, das ist ihre letzte Chance.

Ich: Hm, die Medizin und die Gesellschaft in den USA sind Deutschland in diesen Fragen um Jahre voraus. In Deutschland sind viele Techniken der künstlichen Befruchtung, die in Amerika gang und gäbe sind, verboten.

Alice: Interessant, ich hatte Deutschland nie als so konservatives Land gesehen. Meine Schwiegermutter ist übrigens auf ihre Art auch eine späte Mutter. Sie hat die ersten drei Jahre ihrer Ehe keine Kinder bekommen – und dann das letzte mit 46!

Ich: Wie alt war sie, als sie geheiratet hat?

Alice: 18. Das erste Kind dann mit 21, und das letzte – Nummer 11 – mit 46.

1
DER BAUCH DER ALTEN SCHACHTEL

Wie oft habe ich diese Szene schon im Fernsehen gesehen – im Hollywoodfilm, in jeder Arztserie, in mindestens jeder zweiten romantischen Komödie. Und jetzt liege ich selbst hier, den Bauch freigemacht, neben mir steht mein Göttergatte und hält meine Hand. Unsere Herzen klopfen so stark, dass es fast weh tut. Die Frauenärztin warnt noch schnell »Jetzt wird's ein bisschen kalt«, bevor sie mir das Gleitgel auf den Bauch schmiert. Und dann ist er da, der Moment, auf den wir so lange gewartet haben: Vorhang auf für den ersten Blick auf unser Baby.

Wir sehen – nichts.

Angestrengt versuche ich, auf dem winzigen Monitor etwas zu erkennen. Ich kneife die Augen zusammen. Brauche ich doch eine Brille? Warum ist der Bildschirm auch so klein. Was ich sehe, erinnert mich an das Rauschen im Fernsehen, als es noch Programmschluss gab. Aus ungefähr jener Zeit muss auch das Ultraschallgerät meiner libanesischen Frauenärztin stammen. Zwar prangt stolz der Name »Siemens« auf dem riesigen grauen Kasten; in Deutschland findet man dieses Modell aber bestimmt nur noch im Museum. »Wenigstens einer hier im Raum ist älter als ich«, schießt es mir durch den Kopf. Und dann denke ich noch, ich sollte weniger fernsehen. Mit der schicken Hightech-Klinik aus meiner Lieblingsserie »Private Practice«, die sich um ein Team von kalifornischen Fortpflanzungsspezialisten dreht, hat das Arztzimmer, wo ich gerade zum ersten Mal dem in mir wachsenden Wesen begegne, jedenfalls nichts gemeinsam, außer vielleicht der Tatsache, dass jemand im weißen Kittel anwesend ist.

Ich verrenke mich so gut ich kann in Richtung Monitor und schubse meinen Mann sanft beiseite, um besser zu sehen. »Kannst du was erkennen?« Er zuckt mit den Schultern. »Hier vielleicht …«, er zeigt auf einen Fleck, der wie eine Kidneybohne aussieht. Das soll unser Kind sein?

Was habe ich erwartet? Schließlich ist der Knopf in mir gerade erst acht Wochen alt, was gibt es da schon groß zu sehen, egal wie modern oder überholt das Ultraschallgerät ist. Viel, glaubt jedenfalls meine Ärztin und deutet auf wirre weiße Linien, in denen sie die Umrisse des Embryos erkennen will. Für mich sehen sie aus wie Kratzer auf dem Monitor. Na, Hauptsache, die Expertin ist sich sicher.

In den nächsten Wochen drückt sie uns bei jedem Besuch einen halben Meter Bilder auf dünnem Druckerpapier in die Hand. Und wir kommen oft in die Praxis. Nicht, weil wir neurotisch wären. Aber meine Ärztin will einfach auf Nummer sicher gehen. »Sie sind ja nicht mehr die Jüngste«, sagt sie, gar nicht vorwurfsvoll, sondern mit einem so herzlichen Lächeln, dass ich ihr sofort glaube, sie freut sich wirklich für mich. Und als späte Schwangere gehe ich natürlich beflissen zu jedem Termin.

Und so werden der alte Siemens und ich in den nächsten Monaten notgedrungen Freunde. »Kopf« schreibt die Ärztin unter die Bilder, die er ausspuckt. Oder »Magen«. Später auch mal »Fuß« oder »Wirbelsäule«. Fast finde ich es ein bisschen gruselig, mein Baby so in Einzelteilen gescannt zu sehen. Bald haben wir genug Bilder, das erste Fotoalbum zu füllen. Doch wenn ich ehrlich bin, habe ich noch lange eher den Eindruck, die Ärztin interpretiere abstrakte Kunst, als dass es auf den Bildern wirklich etwas zu sehen gäbe.

Vielleicht geht es meinen Eltern ebenso. Genau, das muss es sein: Es liegt an den kryptischen Ultraschallbildern, dass sie nicht sofort verstehen, was ich ihnen sagen will, als ich eines davon auf den Tisch lege – und sie mich fragend ansehen. Und nichts sagen. Eine halbe Ewigkeit lang. Jedenfalls kommt es mir so vor. Wahrscheinlich sind es nur Sekunden. Schrecksekunden, in denen das Hirn blitzschnell nach den passenden Worten sucht. Sie sitzen da, gucken das Bild an, gucken mich an, gucken meinen Mann an und sagen – nichts.

Oder liegt es doch an meinem Alter? Wer rechnet schon damit, dass ihm die 43-jährige Tochter zum Frühstück ein Ultraschallbild neben das Drei-Minuten-Ei legt. Und zwar nicht das ihres eigenen ersten Enkelkindes.

Es gibt vermutlich wenig, das meine Eltern in dem Moment mehr überrascht hätte. Schon meine Hochzeit zwei Jahre zuvor fiel für sie in die Rubrik »Ereignisse, mit denen wir nicht mehr gerechnet hatten« – was mein Vater den Gästen auch ohne Umschweife in seinem Toast auf die Braut mitteilte. »Wir dachten immer, du wärst mit deinem Job verheiratet«, schmetterte er in die Runde. Dass er mich, vor vielen Jahren, als mein damaliger Freund und ich in Hamburg nach drei Jahren als Paar zum ersten Mal zusammenzogen, mit besorgter Miene fragte: »Du willst doch jetzt wohl nicht heiraten?!«, hatte er offenbar erfolgreich verdrängt.

Und nun sitzen meine Eltern da und blicken stumm auf das Schwarz-Weiß-Bild zwischen Frühstücksei und Käseplatte. Fragende Blicke. Nicht der geringste Verdacht. Bin ich wirklich schon so jenseits von Gut und Böse?

Klar, ich habe mich schon gewundert, als sie am Abend zuvor ohne jede Nachfrage hinnahmen, dass ich weder Wein noch Sekt noch sonst irgendein alkoholisches Getränk zu mir nehmen will; wo wir doch sonst immer erst einmal ein Fläschen leeren, wenn ich aus dem Libanon zu Besuch komme. Wäre ich Anfang 30, hätten sie sicher sofort etwas vermutet.

Schließlich halte ich es nicht mehr aus. »Papa, weißt du, was das ist?«, frage ich. »Ein Ultraschallbild. Von deinem nächsten Enkelkind.«

Nun ist es raus. Als wir ihnen vor zwei Jahren, ebenfalls an einem Sommertag im heimischen Garten, erzählten, dass wir heiraten wollen, meinte meine Mutter: »Darauf brauche ich erst einmal einen Schnaps.« Diese Reaktion immerhin bleibt diesmal aus – vielleicht aber auch nur wegen der Tageszeit.

Mit etwas Verzögerung kommt er dann doch, der Moment der Freude. Meine Mutter will sich noch rausreden, sie habe am Vorabend gleich etwas geahnt, als ich nichts trinken wollte, doch das glaube ich ihr nicht. Sie freuen sich, das nehme ich ihnen sofort und ohne jeden Zweifel ab, auf Enkel Nummer fünf. Auch wenn er drei Jahre nach der ersten Urenkelin zur Welt kommen wird. Meine 14 Jahre jüngere Nichte ist mir in Sachen Nachwuchs klar voraus. Ihre Kleine ist bei unserer Hochzeit schon munter durch den Saal gefegt und hätte um ein Haar die Trauung gesprengt, als sie dem gerade stehenden Standesbeamten den Stuhl wegschob und er sich fast ins Leere gesetzt hätte.

Ja, ich werde Mutter, und meine Schwester ist schon Oma. Wenn ich so alt bin wie sie, als sie Großmutter wurde, werde ich mir gerade Gedanken machen, auf welche weiterführende Schule wir unser Kind schicken. Ihre Schwangerschaft war die erste, die ich, als Teenager, bewusst miterlebte. Jetzt, selbst schwanger, kommt es mir vor, als wäre das schon eine Ewigkeit her. Was nicht ganz falsch ist – meine Nichte ist immerhin schon 30.

Trotzdem erinnere ich den Moment noch gut, als meine Schwester meinen Eltern eröffnete, dass sie bald Großeltern würden. Wir waren alle zusammen im Familienurlaub auf Teneriffa. Meine Schwester war 26 und ich 14 Jahre alt. Ich weiß nicht mehr, warum sie mitgekommen war, eigentlich reiste sie natürlich schon lange nicht mehr mit den Eltern. Vielleicht weil wir ein großes Haus gemietet hatten und einfach noch Platz war. Ich erinnere mich vor allem deshalb, weil meine Schwester damals nicht verheiratet und die Nachricht »Ich bin schwanger« für meinen Vater erst einmal ein Schock war – auch wenn meine Schwester den Vater des Kindes vor der Geburt noch brav ehelichte. Beim Urenkel – meine Nichte ist nicht verheiratet – war das dann schon kein Thema mehr.

Und nun also ich. Ordnungsgemäß verheiratet, nur eben schon ein bisschen älter. »Pass mit den Süßigkeiten auf!«, gibt mir meine Mutter zur Abreise nach Beirut noch mit auf den Weg. »Als ich mit dir schwanger war, hatte ich Schwangerschaftsdiabetes. Das kommt bei älteren Schwangeren häufiger vor.« Als ich unterwegs war, war meine Mutter 38 Jahre alt und ich ihr viertes Kind.

Ich bin schwanger. Oft habe ich diesen Satz noch nicht gesagt. Schon weil wir erst gegen Ende des vierten Monats anfangen, überhaupt irgendjemandem davon zu erzählen. Selbst gegenüber der Familie meines Mannes, die wie wir im Libanon lebt und die wir mindestens einmal die Woche zum Sonntagslunch sehen, halten wir lange dicht. Bloß nicht die ganze Sippe alarmieren und dann, sollte etwas schiefgehen, allen alles im Detail erläutern müssen. Außerdem sehe ich ein Meer an guten Ratschlägen und Ermahnungen auf mich zukommen, sobald wir das Schweigen brechen. Denn wenn einer oder vor allem eine es weiß, wird es in Windeseile auch die um drei Ecken verwandte Großcousine erfahren.

Also besser erst mal Klappe halten. Auch wenn es schwerfällt. Vor allem meinem Mann, denn er weiß ja, wie sehnlich seine Eltern darauf waren, dass er endlich Kinder bekommt. »Seid nicht so faul«, gibt uns sein Vater mit auf den Weg, als wir gemeinsam vom Besuch bei einer Cousine zurückkehren, die gerade ihren ersten Sohn zur Welt gebracht hat. »Wann macht ihr euch endlich an die Arbeit?«

Und wie viele Tanten und andere weibliche Verwandte meines Mannes haben mir während unserer kurzen Ehe schon erwartungsvoll, manchmal fast beschwörend über den da noch nicht schwangeren Bauch gestrichen. Hand auflegen? Wirklich? Andere wollen mich auf eine Pilgertour zum Kloster des heiligen Charbel schicken. Das Reservoir an Wegen und Mitteln für Frauen mit Kinderwunsch im Libanon scheint unerschöpflich – und damit meine ich nicht die herkömmlichen Methoden der modernen Reproduktionsmedizin. Die gibt es natürlich auch. Ausgeprägter aber scheint der Glaube an die Fähigkeiten von Heiligen zu sein, sich in die menschliche Fortpflanzung einzumischen.

Als ich eine Bekannte von mir eines Tages in einem merkwürdigen braunen Gewand gekleidet sehe, denke ich zuerst an Karneval. Eine Mönchskutte? Noch bevor ich fragen kann, sagt sie »Sankt Charbel« – als erkläre das alles. »Einen

Monat«, fügt sie noch hinzu, den Rest muss ich mir zusammenreimen: Einen Monat lang wird sie sich kleiden wie ein armer Betbruder, um Demut zu beweisen vor Sankt Charbel, im ganzen Land verehrt als Wunderheiler. Damit der sie erhört und ihr endlich ihren Kinderwunsch erfüllt.

Mir stockt das Herz. Denn da bin ich selbst noch nicht schwanger, und natürlich frage ich mich sofort: Wie weit bist du bereit zu gehen? Wann fängst du an, auf ein Wunder zu hoffen? Ich kann mir beim besten Willen nicht vorstellen, mich einen Monat lang wie ein Mönch zu kleiden, in der Hoffnung, dies könne irgendeinen Einfluss auf meine Eierstöcke haben. Aber Glaube versetzt ja angeblich Berge – vielleicht hilft er auch beim Eisprung.

Eine andere Freundin überrascht mich bei einer gemeinsamen Wanderung zu einem entlegenen Kloster. Unter sengender Sonne stelle ich auf halber Strecke den Berg hoch fest, dass sie barfuß über den steinigen Pfad klettert. Diesmal traue ich mich nicht, direkt zu fragen, ziehe stattdessen später meinen Mann zu Rate. »Sie will ein Opfer bringen, damit ihre Bitte nach einem Kind erhört wird«, erklärt er mir. Die Rede vom Kind als Geschenk Gottes wird hier offenbar sehr wörtlich genommen.

Entsprechend aufgekratzt ist mein Mann, als wir endlich beschließen, die bangende Verwandtschaft einzuweihen in unser noch junges Geheimnis. Der in Sachen Nachwuchs verloren geglaubte Sohn darf nun endlich den lang ersehnten Satz aussprechen: »Wir bekommen ein Kind.«

Wir rechnen mit Jubel, Trubel und Champagner.

Doch auch seine Mutter erkennt das Ultraschallbild nicht gleich als das, was es ist. »*Shu haida?*«, fragt sie, Libanesisch für »was ist das«; dabei hat sie, genau wie meine Eltern, selbst vier Kinder und vier Enkelkinder, dürfte also schon viele

Ultraschallbilder in ihrem Leben gesehen haben. Hat auch sie insgeheim nicht mehr wirklich an den späten Enkel geglaubt? Für libanesische Verhältnisse hat ihr Sohn ja eine alte Schachtel geheiratet. Das hat sie so natürlich nie gesagt. Jedenfalls nicht in meiner Gegenwart. Und mein Mann ist klug genug, solche Feinheiten für sich zu behalten. Doch unsere erste Begegnung war, vorsichtig formuliert, eher kühl.

Was auch daran gelegen haben mag, dass meine Schwiegermutter in spe nicht im Geringsten darauf vorbereitet war, als ihr Sohn plötzlich mit einer *adjnabia*, einer Ausländerin, vor der Tür stand. Auch wenn er mich zunächst nur als »eine«, nicht als »seine« Freundin vorstellte: Ihr dämmerte vermutlich rasch der Zusammenhang mit seiner neuen, ihr überhaupt nicht lieben Angewohnheit, oft aushäusig zu übernachten. Wie die meisten unverheirateten Libanesen wohnte mein Zukünftiger nämlich noch bei Muttern, als wir uns kennenlernten – obwohl er ein paar Monate darauf 40 wurde.

Schlimm genug, dass er in dem Alter noch ledig ist. Und nun schleppt er auch noch eine ausländische Frau an, die ein Jahr älter ist als er. Eine, die also bestenfalls eine späte Mutter wird. Wenn überhaupt. Als ob es nicht genügend junge, ledige Libanesinnen im besten Gebäralter gäbe. Mehr als genug sogar – denn durch den Bürgerkrieg in den siebziger und achtziger Jahren und die hohe Zahl von Libanesen, die ins Ausland gehen, um dort ihr Glück zu machen, herrscht im Land ein gewaltiger Frauenüberschuss. Hätte er da nicht …?

Das alles ist nun Schnee von gestern, ein Kind ist unterwegs, hurra. Es ruht also doch ein Segen auf dem späten Bündnis. Und das, obwohl wir, für seine Mutter noch so ein

Schönheitsfehler, nicht einmal kirchlich geheiratet haben, sondern auf dem Standesamt in Deutschland. Was für eine nüchterne Angelegenheit! Und dann nur mit 24 Gästen. Das wäre im Libanon gerade mal ein kleines Familienessen, aber doch keine Hochzeit. Und Zivilehe gibt es dort schon gar nicht. Geheiratet wird in der Kirche oder beim Mufti oder beim Sheikh, je nach Religion, wovon es 18 offiziell anerkannte gibt im Land. Die Familie meines Mannes sind Maroniten, so eine Art libanesische Katholiken. Wenigstens da passen die Familien zusammen, stamme ich doch aus dem katholischen Rheinland.

Die Familien wissen nun also Bescheid. Bei den meisten unserer Freunde warten wir, bis sie von selbst darauf kommen – was bei manchen dazu führt, dass sie von der Schwangerschaft erfahren, als ich quasi auf dem Weg in den Kreißsaal bin. In meinem Alter fragt man offensichtlich nicht mehr »Sag mal, bist du schwanger?«, aus Sorge, am Ende doch nur ein paar Kilo zu viel auf den Hüften falsch interpretiert zu haben. Um bauchbetonende Umstandsmode mache ich allerdings auch einen weiten Bogen, dazu ist mein Schamgefühl als Spätgebärende dann doch zu groß. Vielleicht im nächsten Leben …

2
2940 GRAMM GLÜCK

Donnerstag, 1. Dezember 2011, 10.30 Uhr: In einem Beiruter Krankenhaus reicht mir einer der beiden Ärzte, die mich operiert haben, einen verschmierten Knaben über das blaue Laken, das die Sicht auf meinen Unterbauch versperrt. Der Kleine brüllt wie ein Löwe. »Herzlichen Glückwunsch, Sie haben einen wunderbaren Jungen!« Mein Sohn. Mit 43 Jahren, sechs Monaten und einem Tag beginnt für mich ein neues Leben, nun ist es offiziell: Ich bin eine späte Mutter. Im Moment noch leicht bedusselt von der Narkose, die mich vom Hals abwärts in eine taube Nuss verwandelt hat, aber wach genug für einen ersten Blick auf das knapp drei Kilo schwere Bündel mit dem dunklen Haarschopf, das mich soeben aus der Rubrik »kinderlose Akademikerin« in die Kategorie »Spätgebärende« geschubst hat.

Ein radikaler Rollenwechsel. In meinem alten Leben war ich Tochter, Schwester, Tante, Freundin, Ehefrau, Studentin, Journalistin, Führungskraft und Kinderlose. Wie wird es mir nun als Mutter ergehen, als später Mutter? Werde ich glücklicher sein, weil ich ein Kind habe? Immerhin glaubt knapp die Hälfte der Deutschen, dass Kinder dazugehören, um wirklich glücklich zu sein.[1] Wie misst man überhaupt Glück, in welcher Einheit? Hat der Arzt mir gerade 49 Zentimeter und 2940 Gramm Glück gereicht? Fest steht: Ich habe der Statistik ein Schnäppchen geschlagen, hurra! Im jüngsten Fachbericht der Bundesregierung, dem »Familienreport 2011«, zählte ich noch zu den 22 Prozent meines Jahrgangs (1968), die im Jahr 2009 41 Jahre alt und kinderlos waren.[2] Mit mir haben die deutschen Demografen nicht mehr gerechnet. Und meine Familie auch nicht. Wie sagte so charmant meine 80-jährige (kinderlose) Tante, als ich ihr von meiner Schwangerschaft erzählte? »Ich dachte ja eher, du kommst jetzt in die Wechseljahre.«

Mutter mit 43 – darf frau das? Was wird mein Alter für meinen Sohn bedeuten? Wenn ich in ein paar Jahren vor der Kita warte, wird mich die eine oder der andere womöglich für die Oma halten. Ein kleiner Trost: Bei Blondinen fallen die ersten grauen Haare kaum auf. Seine Einschulung können wir zusammen mit meinem 50. Geburtstag feiern. Durch kürzere Schul- und Studienzeiten für ihn und längere Lebensarbeitszeit für mich besteht aber Hoffnung, dass er, wenn er denn studiert, seinen Abschluss macht, bevor ich in Rente gehe. Und dank stetig steigender Lebenserwartung ist es gar nicht mal so unwahrscheinlich, dass ich seinen 50. Geburtstag noch erlebe.

Zu meiner Beruhigung kann ich sagen: Ich bin nicht allein. Zwar liege ich 13 Jahre über dem auch schon stolzen Durchschnittsalter von 30,5 Jahren, mit dem Frauen in Deutschland heute in der Regel das erste Kind zur Welt bringen.[3] Doch was auf den ersten Blick wie die große Ausnahme wirkt, ist in Wahrheit nur das obere – aber bei weitem nicht oberste – Ende eines nachhaltigen Trends: Deutschlands Mütter werden immer älter. Die Zahl der Frauen, die mit über 35 Jahren (noch) ein Kind bekommen, steigt von Jahr zu Jahr, vor allem in Westdeutschland und da vor allem in den Städten und unter den Akademikerinnen. Jede vierte Frau in Deutschland bringt inzwischen mit über 35 Jahren ihr erstes Kind zur Welt. Schaue ich mich unter meinen Freundinnen um, kommt es mir sogar vor, als müssten es noch viel mehr sein. Und auch die Zahl der (Erst-)-Mütter über 40 wächst. 2008 lag der Anteil der verheirateten Frauen[4], die bei der Geburt ihres ersten Kindes 40 Jahre oder älter waren, bei 3,4 Prozent, Tendenz steigend. In München machen die Mütter über 40 sogar schon fünf Prozent aus, in anderen Großstädten sieht es ähnlich aus. In anderen westlichen Ländern übrigens auch. In den USA stieg die Geburtenrate bei Frauen zwischen 40 und 44 Jahren von 1990 bis 2008 um 65 Prozent. In England hat sich die Zahl der Geburten bei Frauen über 40 im gleichen Zeitraum sogar verdreifacht. Österreich, Schweiz, Niederlande – wo man hinguckt, späte Mütter überall.

Und ich bin nun eine von ihnen. Und ich bin es gerne. Auch wenn Spätgebärende ungefähr so attraktiv klingt wie Stützstrümpfe oder Altersarmut. Späte Mutter, reife Mutter, selbst den Begriff Last-Minute-Mutter habe ich schon gehört – was lustig klingt, aber überhaupt nicht passt –, ein spontanes Schnäppchen sind Babys für Frauen jenseits der 40 nun wirklich nicht. Auch die Frage »Sind Babys das neue Botox?«[5] kann eigentlich nur aus der Feder eines Menschen ohne Kinder stammen, denn dass Babys ungefähr das Gegenteil von Botox bewirken, weiß jeder, der schon mal einer frischgebackenen Mutter, egal welchen Alters, gegenübersaß, nach dem Motto: »Schau mir in die Augenringe, Kleines!«

Bevor ich schwanger wurde, hat mich eigentlich kaum noch irgendwer nach meinem Alter gefragt. Wozu auch. Aber mit dem Bauch ist es plötzlich wieder ein Thema, haben Menschen offenbar wieder das Bedürfnis, einen einzuordnen: In welcher Lebensphase steckt sie? Wie spät ist sie dran, welche Priorität hat für sie das Baby, wird es bei dem einen bleiben? »Ach, und ich dachte schon, ich bin alt«, rutscht es einer Bekannten raus, die mit 39 gerade ihr drittes Kind bekommt.

Die Haltung der Öffentlichkeit uns späten Müttern gegenüber ist schizophren: Stars werden gefeiert, wenn sie wie Halle Berry mit 46, Holly Hunter mit 47, Geena Davis mit 46 oder Carla Bruni mit 43 ein Kind bekommen. Promi-Bäuche und -Babys sind gut für die Auflage der Klatschgazetten, egal wie alt die Mutter ist. Für die gibt es zur Not Photoshop.

Wir Normalos aber gelten als die mit dem wehmütigen Zug um den Mund, weil wir früh im Leben eine »falsche Entscheidung« trafen: Wir haben unsere Kinder zu spät bekommen – und werden nun belächelt als alte Schachteln, die, »auf Spielplätzen herumsitzen und ihrem einzigen Sohn, ihrer einzigen Tochter beim Schaukeln zugucken«.[6] Über uns dürfen Cafébesitzer witzeln, es gebe »schönere Anblicke als die Brüste später Mütter«[7]. Und offenbar müssen so viele von uns sich immer wieder dieselben blöden Sprüche anhören, dass das österreichische Familienministerium – etwas humorvoller als sein deutsches Pendant – in seiner Broschüre für späte Eltern sogar mit schlagfertigen Erwiderungen auf die Klassiker aushilft. Was soll man als späte Mutter sagen auf die geistreiche Frage »Habt ihr euch das auch gut überlegt?« Das Ministerium empfiehlt: »Ja, vierzig Jahre lang.« Hübsch auch die Replik auf die grenzwertige Inquisition: »Auf natürlichem Weg ging das aber nicht, oder?« – »Nein, wir haben uns klonen lassen.« Mit ernster Miene dürfte das allerdings nicht jedem gelingen.

Klar, gelegentlich denken mein Mann und ich auch, wie schön es wäre, wenn wir zehn, fünfzehn Jahre jünger wären (wer denkt das nicht, ob mit Kind oder ohne). Wenn wir unserem Zwerg noch ein, zwei Geschwister schenken könnten. Wenn wir die Gewissheit hätten, für seine Kinder noch als Großeltern da zu sein (ohne ihm deswegen eine Teenager-Schwangerschaft an den Hals zu wünschen). Wenn wir sehen, dass die Kinder von Freunden bereits aufs Gymnasium gehen, der Nachwuchs von älteren Freunden sogar schon studiert. Als wir während meiner Schwangerschaft – die Hormone! – kurz mit einem Haus auf dem Land liebäugeln, scherzen Freunde von uns: »Wartet doch noch drei Jahre, dann macht unser Jüngster Abitur und wir ziehen zurück in die Stadt, dann könnt ihr unser Haus kaufen.«

Bis heute weiß ich nicht genau, wie ich reagieren soll, wenn Leute fragen: »Und? Wollt ihr noch ein zweites?« Soll ich sie diskret darauf hinweisen, wie alt ich bin? Auf das Schicksal verweisen und sagen »Wenn wir Glück haben«?

Vor allem aber freuen wir uns, dass es ihn gibt, unseren Sohn. Das Wunschkind, auf das wir lange warten mussten. Vielleicht nicht ganz so lange wie andere späte Eltern, jedenfalls nicht gemeinsam – bei seiner Geburt waren wir gerade mal zwei Jahre verheiratet, kannten uns seit knapp drei. Doch zählt bei allen Möchtegern-Eltern um die oder jenseits der 40 jeder Tag, jeder Monat zwischen Kinderwunsch und Erfüllung, zumindest gefühlt, doppelt. Denn es weiß ja niemand, ob es noch klappt mit dem Kind, bevor buchstäblich die Eieruhr abläuft.

Wir passen also voll ins Klischee: ein Paar, dessen Leben jetzt nur noch um den wertvollen Nachwuchs (endlich!) kreist, das Biovollwertkost und teure Wollseidenbodys kauft, eine

Kinderkarre im Wert eines Kleinwagens vor sich herschiebt und den Sohn schon vor der Geburt für die zweisprachige Waldorf-Kita und zum Mandarin-Unterricht mit begleitender Musikschule angemeldet hat. Das Kinderzimmer ist selbstverständlich im fünften Monat perfekt eingerichtet, und in den Schubladen der Wickelkommode aus Ökoholz stapeln sich im Dutzend die teuren Erstausstattungen. Denn wir sind nicht einfach nur Eltern, wir sind späte Eltern. Und die sind offenbar so ziemlich das Schlimmste, was einem Kind widerfahren kann. Und anderen Eltern. Und Kinderlosen. Vielleicht der Menschheit überhaupt.

Was ich auf dem OP-Tisch im Glücksrausch der Erstbegegnung mit meinem Sohn nicht ahne: Ich bin nun »Edelmutter«, und der soeben geborene Sohn wird ohne Zweifel ein »Bestimmerkind«. Denn mein Mann und ich sind eines der ergrauten Akademikerpaare, »die es kurz vor den Wechseljahren noch geschafft« haben und nun »zu jener Mittelschicht in urbanen Wohlstandsghettos gehören, die Kinder als eine Mischung aus Lifestyle und Religion versteht«[8].

Ab sofort wird das Projekt Kind unser Leben steuern. Statt Karrierefrau bin ich nun Superglucke, die ihre späte Mutterschaft in aller Öffentlichkeit zelebriert. Ich werde meine faltigen Brüste in jedem Café auspacken, um der Welt zu zeigen, dass ich den Sohn noch mit eigenem Saft ernähren kann, und ich werde andere Frauen, vor allem solche ohne Kinder, im Supermarkt rücksichtslos beiseite schubsen, um Sojawaffeln und Dinkelkekse für meine Brut zu raffen. Weil mir die Geburt meines »einzigen jetzt wird's aber Zeit-Kindes« (*taz*) das Hirn vernebelt hat und mir den Blick auf und jede Empathie für den Rest der Menschheit verstellt. Was ja auch nicht weiter verwundert, denn als Frau, die zuerst das Leben auskosten und Karriere machen wollte, anstatt mich in jungen Jahren fortzupflanzen, zählte ich auch vor der Geburt des Sohnes längst zum Lager der konsumgeilen Egoisten. Dabei ist Spät-dran-Sein eine neue Erfahrung für mich. Das Magister-Studium habe ich in sieben Semestern abgeschlossen, an der Journalistenschule war ich eine der Jüngsten in meinem Kurs, in meinen ersten Redaktionsjahren fast immer das Küken des Ressorts. Auch zu Hause war ich die Jüngste, als Nesthäkchen von vier.

Und nun: spät dran als Mutter. Geplant war das nicht – doch wer plant schon wirklich sein Leben? Und selbst wenn wir planen, was schert sich das Leben darum? Eine der wenigen unter meinen Freundinnen, die schon sehr früh sehr genau wusste, dass sie Familie mit dem ganzen Programm will – Mann, Hochzeit, Haus, Kinder – hat gerade mit 41 ihr erstes Kind bekommen, von einem Mann, der in Scheidung lebt und bereits zwei Kinder hat. Pragmatisch hat sie sich gedacht: besser Patchwork als gar keine Familie. Eine andere Freundin hat fünf Jahre lang versucht, mit ihrem Mann ein Kind zu bekommen – vergeblich. Heute haben beide ein Kind – nur nicht miteinander.

Die »richtige Entscheidung«, früher Kinder zu bekommen, hätten mein Mann und ich gar nicht treffen können, jedenfalls nicht gemeinsam. Wir haben uns erst mit 40 kennengelernt. Davor habe ich, sieht man es streng unter dem Kinder-Aspekt, 13 Jahre mit einer im wahrsten Sinne des Wortes fruchtlosen Beziehung vertändelt. Als es im verflixten siebten Jahr heftig kriselte, riet mir die Mutter eines guten Freundes diskret bei einem Abendessen: »Wenn du Kinder willst, trenn dich jetzt. Noch ist es nicht zu spät, noch findest du einen anderen!«

Erst war ich empört, dann lachte ich sie aus. Noch einen anderen finden! Ich war gerade mal Anfang 30. Jetzt davonlaufen, aus Panik, keinen mehr abzukriegen, aus Sorge, mein Zeitfenster für eine Familiengründung könnte sich schließen? Fünf Jahre später haben wir uns dann tatsächlich getrennt – und plötzlich stand ich da, kurz vor meinem 37. Geburtstag, kinderlos und ohne Mann (der mit einer sieben Jahre jüngeren Frau die Kinderfrage für sich erst einmal vertagen konnte).

Heute ist mein Alter am Geburtstag meines Sohnes eine Zahl, mehr nicht. Dahinter aber steckt eine Lebensgeschichte, die zu dieser Zahl geführt hat – und die will ich in diesem Buch erzählen; nicht weil sie so außergewöhnlich wäre, im Gegenteil: Ich zeichne einen Lebenslauf nach, der bei aller Individualität in vielem typisch ist für hochqualifizierte Frauen meiner Generation. Letztlich entscheidet über jedes geborene oder ungeborene Kind eine Frau – vor dem Hintergrund ihrer ganz individuellen Berufs- und Liebeskarriere. Und das Schöne ist: Ich kann aus vollem Herzen sagen, für mich ist es gut, wie es ist.

3
VON GUTEN UND SPÄTEN MÜTTERN

Ich erinnere mich noch gut, wie ich, lange vor jedem Gedanken an eine tatsächliche Schwangerschaft, mit einer Freundin (alleinerziehende Mutter, sie bekam ihre Tochter mit 32, fand das aber eigentlich schon zu spät) ganz allgemein über späte Schwangerschaft sprach. Schwanger werden mit über 40, dachte ich anschließend betreten, ist offenbar so gesellschaftsfähig wie NPD wählen oder für Atomstrom sein. »Völlig verantwortungslos« seien diese Frauen, giftete sie regelrecht, es sei doch »tragisch für das Kind«, mit so einer alten Mutter aufzuwachsen – »und wer kümmert sich dann, wenn sie mit 50 an Brustkrebs stirbt?«

Ich musste während des Gesprächs ständig an eine andere Freundin denken, die mir kurz zuvor von ihrer Abtreibung erzählt hatte. »Auf meine alten Tage mit 43 kann ich doch jetzt nicht plötzlich Mutter werden«, sagte sie. War das wirklich ihre Überzeugung oder vielmehr das Echo dessen, was ich gerade hörte? Ich habe mich lange nicht getraut zu fragen, ob sie ihre Entscheidung bereut hat. Erst als ich in genau dem Alter schwanger wurde, in dem sie sich damals gegen das Kind entschieden hat, nahmen wir den Faden wieder auf. Aber dazu später mehr.

Während wir in den Medien viel über ältere Frauen lesen, die alles daran setzen, um (doch noch) schwanger zu werden, hören wir über jene, die sich gegen ein Kind entscheiden, wenig. Allein die Statistik verrät uns, dass späte Mutterschaft keineswegs der Traum aller Frauen ist: Immerhin acht Prozent der 110 700 Schwangerschaftsabbrüche in Deutschland im Jahr 2009 wurden von Frauen über 40 vorgenommen, weitere 15 Prozent von 35- bis 40-Jährigen.[9] Damit gingen fast ein Viertel aller Abtreibungen in Deutschland auf das Konto von Frauen, die sonst zu den Spätgebärenden gezählt hätten. Wie viele von ihnen hatten Angst vor harschen Reaktionen ihres Umfelds und dem Leben in einer Gesellschaft, die späte Mutterschaft nicht als individuellen Glücksfall oder Ausdruck einer Wahlfreiheit sieht, sondern als biographisches Fehlverhalten, als »verkorkste Lebensplanung« (*Der Spiegel*[10])? Verkorkst? Besten Dank. Ich empfinde genau das Gegenteil. Weder verkorkst noch komplett geplant. Aber glücklich.

Tatsächlich könnte man das Phänomen »Späte Mütter« auch ganz anders interpretieren. Denn für viele von uns lautet die Alternative nicht »Kind mit 25 oder 40«, sondern eher »Kind mit 40 oder gar kein Kind«. Weil wir uns nicht entscheiden wollen zwischen Kind oder Karriere, brechen wir den Normallebenslauf – Studium, kurze Berufstätigkeit, Kinderpause, Endstation Teilzeit – auf und entzerren zeitlich Karriere und Familie. Entstanden ist so ein neues biographisches Muster, das der Statistik zufolge an Popularität gewinnt, bei allen damit verbundenen Risiken, die auch in diesem Buch nicht geleugnet oder kleingeredet werden sollen. Die Demografen sprechen von Postponement und Recuperation, vom Phänomen der aufgeschobenen und später im Lebenslauf nachgeholten Geburt, das in allen Industrieländern zu beobachten ist. Die späte Mutterschaft als neue

Antwort auf die Frage, ob Frauen alles haben können: Ja, aber wann wir welchen Teil von diesem »alles« wollen, entscheiden wir!

Denn im Zweifel sind wir es, die im Alltag austüfteln müssen, wie wir Beruf und Familie miteinander vereinbaren. Wie wir trotz mangelnder Betreuungsangebote und starrer Arbeitszeiten berufstätig und für unsere Kinder, unsere Familie da sein können. Also entscheiden wir, wann wir die Voraussetzungen wenigstens für einigermaßen günstig halten; ideal werden sie ohnehin nie sein.

So betrachtet ist jedes Kind einer späten Mutter ein demografischer Zugewinn; ein Kind, das es nie gegeben hätte, wären wir späten Mütter nicht bereit, schrägen Blicken und doofen Sprüchen zum Trotz neue Lebensentwürfe auszuprobieren. Ohne uns späte Mütter wäre die Zahl der kinderlosen Frauen in Deutschland deutlich höher, als sie ohnehin schon ist, gäbe es Jahr für Jahr rund 140 000 Kinder weniger in Deutschland. Warum eigentlich gelten wir als Egoisten und nicht als Pioniere?

So sind wir in Deutschland – wir schreiben einander gern vor, wie wir zu leben haben, obwohl wir uns doch bevorzugt als Volk von Individualisten sehen. Frauen, die keine Kinder wollen, gelten als egoistisch, man denke nur an die vielen Debatten über Sonderabgaben für Kinderlose. Aber Frauen, die sich »zu lange« Zeit lassen mit dem Nachwuchs, stehen genauso in der Kritik. Eigentlich erstaunlich, dass noch niemand eine Extrasteuer gefordert hat für alle, die sich bis zum 35. Lebensjahr noch nicht fortgepflanzt haben – wobei die dann vermutlich nur die Frauen träfe, denn Klagen über zu späte Väter hört man eher selten.

Alle jammern darüber, dass Deutschland kinderarm ist. Sicher, bevölkerungspolitisch gesehen holen wir späten Mütter mit unserem klassischen Einzelkind die Kuh nicht vom Eis. Aber sollte jenen, die mehr Kinder wollen, wünschen, fordern, ein spät geborenes Kind nicht immer noch lieber sein als gar kein Kind? Wenn durch uns späte Mütter eben nur 30 Prozent der Akademikerinnen kinderlos bleiben und nicht 40 Prozent, ist das bevölkerungspolitisch gesehen doch ein Plus. Und zwar eines, das inzwischen selbst die Aufmerksamkeit der Forscher errungen hat: Dank der wachsenden Zahl später Geburten sei der Abwärtstrend unter Akademikerinnen gestoppt, berichtete im September 2012 das Bundesinstitut für Bevölkerungsforschung. Während die Anzahl der Kinder aller Frauen in Deutschland in den vergangenen zehn Jahren konstant blieb, bekamen Akademikerinnen wieder etwas mehr Kinder – aber dies eben vor allem als späte Mütter.[11]

Warum nur sind Debatten rund ums Kind in Deutschland immer so verdammt ideologisch? Ob Vereinbarkeit von Beruf und Familie, die Frage der richtigen Kinderbetreuung, das beste Alter zum Kinderkriegen oder die Grenzen und Möglichkeiten der modernen Fortpflanzungsmedizin: Die eigene Position gilt als die allein selig machende. Die anderen sind wahlweise Egoisten, Glucken, Rabenmütter, Karrierezicken, Heimchen am Herd oder pfuschen gottlos der Natur ins Handwerk. Da überrascht es wenig, dass Deutschland ein »Niedrig-Fertilitätsland« ist, wie es im Deutsch der Demografen heißt. Weltweit gibt es kein zweites Land mit einer über einen so langen Zeitraum konstant so niedrigen Geburtenrate: Seit vierzig Jahren (!) kommen wir über 1,3 bis 1,4 Kinder pro Frau nicht hinaus. Weltmeister ist Deutschland auch bei der Zahl dauerhaft kinderloser Frauen.

Kein Wunder, bei dem Druck! In Deutschland kann frau

nicht einfach Mutter sein, sie muss eine gute Mutter sein. Und darüber, was eine gute Mutter ist, herrschen rigorose Vorstellungen. Man stelle sich vor: Noch heute stimmen 63 Prozent der Westdeutschen der Aussage zu: »Ein Kleinkind wird wahrscheinlich darunter leiden, wenn die Mutter berufstätig ist.«[12] In Beirut hat mich niemand schräg angesehen, als ich zehn Wochen nach der Geburt wieder Vollzeit angefangen habe zu arbeiten. Allerdings muss man dazu sagen, dass es im Libanon allein den Familien überlassen ist, die Betreuung der Kleinsten zu organisieren. Es gibt Krippen, aber sie sind alle privat. Wir haben uns für das Nanny-Modell entschieden, die zu uns nach Hause kommt.

Wer in Deutschland Mutter sein will, verliert offenbar das Recht, sein Leben nach individuellen Vorstellungen zu gestalten. Kinder? Sollen wir alle bekommen, aber bitte zeitig, am besten vor dem 30., mindestens aber vor dem 35. Lebensjahr. Arbeiten mit Kind? Maximal Teilzeit, und nicht im ersten Jahr, besser noch nicht in den ersten drei Jahren. Klare Vorstellungen herrschen offenbar auch darüber, wer keine gute Mutter ist: Frauen, die das Kinderkriegen aufschieben, um zunächst Karriere zu machen oder, neutraler gesagt, um sich auf einem dem Studium oder ihrer Ausbildung angemessenen Niveau im Beruf zu etablieren und dann, wenn es mit dem Nachwuchs schwierig wird, auf das Arsenal der »Babymacher« für die »Schwangerschaft auf Bestellung« (*Der Spiegel*) setzen. Wer sich nicht an das vorgesehene Zeitfenster für die Fortpflanzung hält, soll bitte auch die Konsequenzen tragen – also kinderlos bleiben. Frau ist ja selbst schuld, wenn sie sich nicht rechtzeitig schwängern lässt.

Höchste Zeit, sich die gescholtenen späten Mütter einmal genauer anzusehen. Allesamt ambitionierte Karrierefrauen, die erst mit Kindern nichts am Hut haben und mit der späten Niederkunft dann zu neurotischen, überbehütenden Super-Glucken mutieren? Über Erziehungsstile lässt sich bekanntermaßen vortrefflich streiten. Der ärgste Feind jeder Mutter sind die anderen Mütter. Ob Super-Glucke oder Tiger-Mom: Wir späten Mütter sind vor allem eins – hochqualifiziert. Die meisten von uns haben Abitur und ein abgeschlossenes Hochschul- oder Fachhochschulstudium, arbeiten in einem Beruf, den wir mögen und den wir erfolgreich und überwiegend in Vollzeit ausüben. Späte erste Mutterschaft ist, das zeigt die jüngere Forschung, vor allem ein Familiengründungsmuster hochqualifizierter Frauen. Noch mal langsam zum Mitschreiben: ein F-a-m-i-l-i-e-n-g-r-ü-n-d-u-n-g-s-m-u-s-t-e-r h-o-c-h-q-u-a-l-i-f-i-z-i-e-r-t-e-r F-r-a-u-e-n. Klingt schon gar nicht mehr so sehr nach Stützstrümpfen und Altersarmut, oder?

Und diese hochqualifizierten Frauen kehren wie ich nach der Geburt in der Mehrzahl voll und zügig in den Beruf zurück. Nur etwa jede achte von uns kehrt der Job-Welt ganz den Rücken und wird Vollzeit-Hausfrau und Mutter.[13] Unter den Alleinerziehenden machen wir uns dagegen eher rar – unsere Beziehungen sind stabiler, wir sind häufiger verheiratet als die jungen Mütter. Vier von fünf späten Müttern leben in festen Partnerschaften oder sind, wie ich, verheiratet. Auch finanziell sind die meisten von uns besser gestellt als junge Mütter. Wir haben lange und ohne Unterbrechung unseren Beruf voll ausgeübt und häufig gute Positionen erreicht.

Das mit dem Geld wiegt übrigens schwerer, als den meisten bewusst ist: Das Hamburger Weltwirtschaftsinstitut hat im Jahr 2012 zum ersten Mal systematisch berechnet, wie viel Einkommen einer Frau entgeht, die mit 28 Jahren ihr erstes Kind bekommt, drei Jahre Elternzeit nimmt und dann bis zur Einschulung des Nachwuchses Teilzeit arbeitet. Bis zum 46. Lebensjahr büßt diese Frau 201 016 Euro ein im Vergleich zu einer Frau, die nie wegen Kindern pausiert hat[14] – konservativ gerechnet. Was sich die meisten nicht klarmachen: Auch wenn Mütter nach einer Kinder-Aus- oder -Teilzeit längst wieder Vollzeit arbeiten, liegt ihr Einkommen deutlich unter dem jener Frauen, die nicht oder erst sehr viel später ausgestiegen sind.

Lehrreiche Zahlen dazu gibt es auch aus den USA: Frauen zwischen 40 und 45, die ihr erstes Kind mit 20 bekommen haben, verdienen im Jahr durchschnittlich 27 000 Dollar im Jahr. Frauen dagegen im gleichen Alter und mit einem vergleichbaren Universitätsabschluss, die ihr erstes Kind mit 35 bekommen haben, verdienen 79 00 Dollar.[15] Der frühe Ausstieg rächt sich, zumindest ökonomisch, ein Leben lang. Andersherum gesagt: Späte Mutterschaft zahlt sich aus.

Um über die nackten Zahlen hinaus ein schärferes Bild des Phänomens »späte Mütter« zu bekommen, haben zwei Sozialwissenschaftlerinnen jene gefragt, die wissen müssten, wie wir so sind, weil sie ständig mit uns zu tun haben: Kinderärztinnen, Erzieherinnen in Kita und Kindergarten, Gynäkologen und Hebammen. Und siehe da, so schlimm sind wir gar nicht: »Späte Mütter weisen eine höhere Zufriedenheit auf als junge Mütter«, die eher das Gefühl hätten, durch die Geburt ihres Kindes im Leben etwas zu versäumen. Größere Gelassenheit legen wir auch an den Tag, wenn es um die Vereinbarkeit von Beruf und Familie geht – vielleicht, weil viele von uns ihre höher gesteckten Karriereziele bereits erreicht haben und weniger Angst haben müssen, durch einen – vorübergehenden – Ausstieg den Anschluss zu verpassen. Oder weil wir gar nicht erst lange aussteigen, sondern uns, durch das höhere Gehalt, das wir durch die längeren Jahre im Beruf erreicht haben, die private Zusatzbetreuung – unsere Nanny – leisten können, die Paare, bei denen beide Vollzeit arbeiten, immer noch brauchen; oder weil wir durch die jahrelange Erfahrung im Job für den Arbeitgeber so unentbehrlich geworden sind, dass er uns lieber flexiblere Arbeitszeiten anbietet als uns ganz zu verlieren. Lob auch von der Zeitschrift *Psychologie heute*: Ältere Mütter schaffen ein »Familienklima, das für die psychologische Entwicklung von Kindern günstiger ist«.[16]

Alles in allem also ganz gute Aussichten, dass ich trotz meines fortgeschrittenen Alters meinen Sohn nicht völlig vermurksen werde. Natürlich plagen mich auch Zweifel. Wenn ich sein Babygesicht neben meinen Falten im Spiegel sehe, denke ich: Hoffentlich wird mein Sohn sich seiner alten Mutter niemals schämen. (Bei der Gelegenheit fällt mir auf, dass *Gala* & Co zwar gern und häufig über die späten Promi-Mütter und ihre süßen Babys berichten, es aber kaum Geschichten über Promi-Mütter in ihren Fünfzigern oder Sechzigern mit ihren dann zu Teenagern herangewachsenen Kindern gibt.) Heute strahlt mein Sohn mich mit der bedingungslosen Liebe eines Babys an. Aber wie wird das in zehn, fünfzehn Jahren sein? Ich erinnere mich noch gut an Petra, die Außenseiterin in unserer Klasse auf dem Gymnasium, Einzelkind eines älteren kauzigen Ehepaars, für das wir, gnadenlos wie Teenager nun mal sind, nur Spott übrig hatten. Ängste, die ich als Mitte Zwanzigjährige sicher nicht gehabt hätte (aber dafür vermutlich andere). Und das Leben spielte eben anders.

Wenn laut Statistik heute 40 Prozent aller Akademikerinnen zwischen 35 und 39 kinderlos sind, sagt das nichts über die Lebenspläne aus, die diese Frauen einmal gehabt haben;

oder noch haben – denn unter den 40- bis 44-jährigen Akademikerinnen liegt die Kinderlosenquote dann »nur noch« bei 30 Prozent.

Das Leben. In meinem Freundeskreis habe ich kinderlose Paare, bei denen der Mann unfruchtbar ist, kinderlose Paare, bei denen beide gemeinsam entschieden haben, keine Kinder zu wollen (und eine Schwangerschaft zu einem frühen Zeitpunkt der Beziehung abgebrochen haben), kinderlose Frauen, die nie den richtigen Partner hatten, kinderlose Frauen, die keine Kinder bekommen konnten, kinderlose Frauen, die gern Kinder gehabt hätten, aber den richtigen Zeitpunkt nie gefunden haben, kinderlose Paare, die fast alles versucht, aber keinen Erfolg gehabt haben. Und natürlich viele Paare mit Kindern. Und sehr viele Alleinerziehende.

Kurzum: Längst nicht jeder, der Kinder will, bekommt sie auch, und nicht jeder, der Kinder hat, hat sie gezielt geplant oder lebt mit ihnen so, wie er oder sie sich das gewünscht hat. Wie viele Geschichten von angeblich geplatzten Kondomen kenne ich – bei denen ich insgeheim immer denke, die Frau wollte ein Kind und hat es sich auf ihre Art geholt. Samenraub ohne Besenkammer; weil die K-Frage sich nicht einvernehmlich klären ließ oder weil die Frau Angst hatte, sie offen anzusprechen; weil es bequemer war, wenn es einfach »passierte«. Unter Frauen werden diese Kinder auch »TroPi«-Kinder genannt – (angeblich) trotz Pille. Die Pille heimlich abzusetzen wäre mir nie in den Sinn gekommen.

Ein Kind, das stand für mich fest, müssen beide von Herzen wollen. Dieser Idealzustand ließ auf sich warten. Sicher auch, weil ich mit 30 nicht willensstark genug war, mir eindeutig ein Kind zu wünschen, notfalls auch gegen den

Mann jener Zeit. Aber wann verstreicht die Abgabefrist für den Kinderwunsch? Habe ich mein Recht auf ein Kind – falls es das überhaupt gibt – mit dem 40. Geburtstag verwirkt? Frauen, die sich spät im Leben entscheiden, ein Kind zu bekommen, sind für viele fast eine Art Feindbild. Von geradezu hasserfüllten Karikaturen später Mütter auf Eltern-Seiten im Internet berichtet die Zeitschrift *New York*: »Die selbstbezogene Frau, die ihr Leben lang Wein trinkt und Jimmy Choo [Hersteller von Luxus-Accessoires] kauft, wacht eines Morgens auf, allein, in teure Bettwäsche gewickelt, und erinnert sich an das Baby, das sie nie hatte. Sie geht zum Arzt und weint. Wenn sie bekommt, was ihr Herz begehrt, wird sie sofort eine Kinderfrau anheuern und wieder anfangen zu arbeiten und […] sich weigern, auf dem Boden zu sitzen und mit Bauklötzen zu spielen.«[17]

Liest man sich durch die deutschen Internetforen, in denen Mütter ihren Kinderwunsch diskutieren, ist der Tonfall ähnlich gehässig. »Ich frag mich halt schon, wie existenziell der Kinderwunsch ist, wenn ich da erst mit 40 drauf komme«, schreibt zum Beispiel eine Leserin im *Brigitte*-Forum zum Thema Spätgebärende. »Da liegt für mich schon der Verdacht nahe, dass das in gewisser Weise ein Konsumwunsch ist, nachdem man sich alles andere schon erfüllt hat.« Eine andere kritisiert, dass Mütter über 40 »deutlich näher an den Wechseljahren« seien als an der Pubertät. Ja und, frage ich da zurück, wo liegt da das Problem? Mutter zu werden in einem Alter nahe der Pubertät ist zumindest in Deutschland doch wohl schon länger nicht mehr unser Ideal.

Unser Zwerg ist gesund, fröhlich, ein Sonnenschein. »Ein perfekter Junge«, sagt die Kinderärztin bei jedem Besuch. Wird er es im Leben schwerer haben, weil ich bei seiner Geburt 43 und nicht 25, 28 oder 30 war? Die neueste Forschung sagt, gesund geborene Kinder von Müttern, die zum Zeitpunkt der Geburt 35 bis 44 Jahre alt waren, sind als Erwachsene nicht häufiger krank als solche von 25 bis 34 Jahre alten Müttern. Entscheidend für die Gesundheit sei vielmehr die Bildung der Mutter – na bitte! Wie war noch gleich die Rate der Akademikerinnen unter den späten Müttern? Das Rostocker Max-Planck-Institut hat sogar herausgefunden, dass sich späte Mutterschaft positiv auf die Gesundheit der Kinder auswirken kann, vor allem wegen des höheren Gesundheitsbewusstseins. Vielleicht sind Vollwertkost und Dinkelkekse ja doch nicht nur Blödsinn, schadet ein bisschen Glucken nicht, auf jeden Fall nicht der Gesundheit. Am schlechtesten schnitten die Mütter unter 25 ab, also jene, die ihre Kinder auf dem Zenit ihrer Fruchtbarkeit bekamen: Ihr Nachwuchs ist überdurchschnittlich oft krank, stirbt früher, wird weniger groß und ist häufiger übergewichtig.[18] Eine britische Studie kommt zu ähnlichen Ergebnissen: Die Kinder 40 Jahre alter Mütter müssen seltener ins Krankenhaus, werden regelmäßiger geimpft und sprechen früher mit einem ausgefeilteren Vokabular als die Kinder 20-jähriger Mütter.[19]

Und weil es so nett ist, gleich noch eine frohe Nachricht aus der schönen bunten Forscherwelt: Angeblich leben späte Mütter sogar länger. Das wollen Demografen der Universität von Utah anhand der Stammbäume von zwei Millionen Menschen herausgefunden haben. Da auch die Brüder der (auf natürlichem Wege) Spätgebärenden länger lebten, nicht aber deren Ehepartner, schlossen die Forscher Umweltfaktoren aus und kamen zu dem Schluss, die Lebenserwartung müsse in den Genen angelegt sein.

Junge Mütter, späte Mütter, Kinderlose: Tatsache ist, dass

man den »perfekten Zeitpunkt« zum Kinderkriegen nur schwer oder auch gar nicht findet. Erst recht in einem Land, in dem es selbst im 21. Jahrhundert noch so schwer ist, Beruf und Familie miteinander zu vereinbaren, dass viele Frauen noch immer das Gefühl haben, wählen zu müssen zwischen dem einen oder dem anderen beziehungsweise beides nur um den Preis des ständigen Gefühls der Unzulänglichkeit auf beiden »Baustellen« haben können. Lebensläufe sind individuell und unberechenbar. Vieles entzieht sich der Planung, kommt anders als erwartet oder gewollt – weshalb in meiner Familie halt der jüngste Enkel nach dem ersten Urenkel geboren wurde. Der jüngste Cousin meines Sohnes ist sechs Wochen jünger als er, die älteste Cousine gerade 30 geworden. Die anderen acht verteilen sich über alle Altersstufen. Mein Vater feierte zwei Wochen nach dem ersten Geburtstag meines Sohnes seinen 86. Geburtstag. Familienläufe halt.

Wenn ich auf sogenannten Familien-Ratgeberseiten im Internet warnende Hinweise lese wie »Kinder später Mütter erleben nur selten einen Drei-Generationen-Haushalt«, kann ich nur den Kopf schütteln. Als wäre in Deutschland das Wohnen von mehreren Generationen unter einem Dach noch die Regel! Die meisten Kinder können froh sein, wenn wenigstens die Großeltern eines Elternteils in derselben Stadt wohnen. Ich habe übrigens keine meiner Großmütter kennengelernt, beide sind vor meiner Geburt gestorben, meine Großmutter mütterlicherseits war bei ihrem Tod jünger als ich bei der Geburt meines Sohnes. Beide Frauen hätten beim heutigen Stand der Medizin vermutlich viele, viele Jahre länger gelebt.

Mein spätgeborener Sohn sieht seine Großeltern väterlicherseits jeden Sonntag beim klassischen libanesischen Familienlunch; und die mütterlicherseits ungefähr dreimal die Woche via Skype und Webcam. Nach meiner eigenen, natürlich überhaupt nicht empirischen Beobachtung ist das Verhältnis der Kinder später Eltern zu ihren Großeltern häufig sogar unkomplizierter, weil die Eltern selbst mehr Zeit hatten, ihre Vergangenheit zu entrümpeln, und wir mit Mitte 40 eher bereit sind als mit Mitte 20, unsere Eltern so zu akzeptieren, wie sie sind.

Warum also tun wir uns in Deutschland trotz der veränderten Lebensumstände mit dem »Besser spät als nie« beim Thema Kinderkriegen so schwer? Niemand behauptet, dass es ideal sei, sein erstes Kind mit über 40 zu bekommen. Schon weil es sehr viel schwieriger ist, schwanger zu werden. Die vielen Geschichten aber von Frauen, die problemlos und unauffällig mit Anfang 40 schwanger werden und gesunde Kinder zur Welt bringen, bleiben unerzählt. Über all die Warnungen vor dem erhöhten Risiko einer Behinderung, vor Bluthochdruck, Schwangerschaftsdiabetes und Plazentaschwäche verlieren wir eines leicht aus dem Blick: 96 Prozent aller Kinder von Müttern über 40 kommen gesund und ohne Komplikationen zur Welt.[20]

Bieten diese Geschichten zu wenig Drama? Und sind vielleicht auch nicht opportun? Manchmal kann man fast den Eindruck haben, es gebe einen geheimen Kodex, das Phänomen späte Mutterschaft bloß nicht in ein zu gutes Licht zu rücken, nach dem Motto: »Macht den Frauen nur genug Angst, dann werden sie schon spuren und ihre Kinder frühzeitig werfen«. Ich übertreibe? Eine regelrechte »Panikmache in Sachen Fruchtbarkeit« diagnostizierte die amerikanische Autorin Elizabeth Gregory in den Medien. »Sie übertreiben oder stellen die Risiken falsch dar«[21], und das in einem Ausmaß, das an aktive Desinformation grenze. Prozentzahlen würden verzerrt oder in falsche Zusammenhänge gestellt, Geschichten mit irreführenden Überschriften versehen.

Ein Beispiel für absurde Angstmache: Eine populäre amerikanische Morgenshow veröffentlichte im Januar 2010 auf ihrer Webseite einen Report unter der Schlagzeile »Für Frauen, die Kinder möchten, gilt ›Je früher, desto besser‹: 90 Prozent der Eizellen im Alter von 30 Jahren verbraucht.« Für Frauen mit Kinderwunsch ein herber Schreck in der Morgenstunde: 90 Prozent der Eizellen weg, das klingt nach »Das war es dann wohl«, und das mit 30! Klickt frau sich allerdings durch den ganzen Report, wird sie erleichtert – oder verärgert – feststellen, dass die Basisgröße für den 90-Prozent-Vergleich ein weiblicher Fötus von 20 Wochen ist! Im Klartext: Verglichen mit einem ungeborenen weiblichen Fötus in der 20. Schwangerschaftswoche hat eine Frau um die 30 Jahre 90 Prozent ihrer Eizellen eingebüßt. 25-jährige Frauen – die allgemein als besonders fruchtbar gelten – haben noch 22 Prozent der ursprünglich angelegten Eizellen, 15-jährige noch 52 Prozent. Trotzdem würde niemand auf die Idee kommen, 15 als ideales Schwangerschaftsalter zu empfehlen. Und diese Geschichte ist nur ein Beispiel von vielen. Zufall? Fahrlässigkeit der Journalisten? Schlampige Recherche? Oder gezielter Alarmismus?

Umso lieber erinnere ich mich an die Gespräche mit einer sehr guten Freundin und Kollegin, Wissenschaftsjournalistin und promovierte Biologin, die mir schon vor Jahren einschärfte, mich von all den Statistiken und Negativgeschichten nicht einschüchtern zu lassen. Frauen könnten viel später als allgemein propagiert Kinder bekommen, beharrte sie. Ich fand zwar, dass sie die Dinge etwas zu optimistisch sah (sie selbst hat, aus freiem Entschluss, keine

Kinder), genoss aber die entspannte Gegenposition zu der allgemeinen Panikmache sehr. Warum, zum Beispiel, werden noch immer fast alle Frauen über 35 automatisch zu »Risikoschwangeren« erklärt, obwohl es dafür medizinisch gesehen keinen Grund gibt? Die künstliche Schreckensschwelle 35 wurde in den siebziger Jahren von den Krankenkassen eingeführt, um festzulegen, ab welchem Alter die Kosten für spezielle Vorsorgeuntersuchungen übernommen werden. Angesichts des Fortschritts der Pränatalmedizin halten viele Ärzte den Begriff für überholt, jedenfalls in der praktizierten breiten Anwendung.

Wolfgang Henrich, Direktor der Klinik für Geburtsmedizin an der Berliner Charité, rät Frauen über 35, sich »vom Damoklesschwert des Alters zu befreien«. Nicht auf das biologische Alter komme es an, »sondern auf den tatsächlichen Gesundheitszustand«. Eine 28-jährige rauchende Schwangere mit sehr viel Übergewicht habe ein deutlich höheres Risikoprofil für Schwangerschafts- oder Geburtskomplikationen als eine gesundheitsbewusste 40-jährige Schwangere mit Normalgewicht, die regelmäßig Sport treibt. Zwar steigt das Risiko für Chromosomenstörungen mit dem Alter der Frau. »Aber auch hier wird unnötig viel Angst verbreitet«, meint Henrich. Die Risikosteigerung beläuft sich von 1:800 auf 1:100 (von der 28-jährigen zur 40-jährigen Frau). Das aber, erinnert der Arzt, »heißt umgekehrt ausgedrückt: Selbst dann weisen noch 99 Prozent der Neugeborenen normale Chromosomen auf.«

E-Mails mit einer Freundin

M: Möchtest Du eigentlich Kinder haben? Habe ich Dich wahrscheinlich schon 1000 Mal gefragt. Oder? Sieht irgendwie nicht danach aus, so wie Du lebst. Hauptsache, Du bist da mit Dir im Reinen. »Hätte, wenn« und »würde, aber« stehen nämlich vielem Lachen entgegen! Und das wünsche ich Dir, von Herzen.
Ich: Wir reden fast nie über Kinder. Ich glaube, X könnte Dir die Frage, ob ich Kinder möchte, nicht beantworten, so wenig, wie ich sie Dir über ihn beantworten könnte. Ich habe eine Ahnung, aber ich weiß es nicht. Ich möchte im Prinzip schon welche (oder eines jedenfalls), aber das »im Prinzip« sagt ja schon viel. Ich spüre (noch?) keine biologische Uhr, keine dringende Sehnsucht, jetzt sofort unbedingt ein Kind zu haben. Ich finde die Idee, ein Kind zu haben, das einer Vereinigung von ihm und mir entspringt, sehr schön, und ich finde die Idee sehr schön, ein Wesen heranwachsen zu sehen, ihm oder ihr Werte mitzugeben, ihm oder ihr Chancen zu eröffnen. Und die Vorstellung, nicht irgendwann zu bereuen, dass ich keine Kinder habe. Aber die Kurve zu kriegen und zu sagen: Jetzt ist es so weit, das kann ich mir noch nicht so richtig vorstellen. Und wie das Leben dann im Konkreten aussehen soll.
M: Das entwickelt sich ja zum spannenden Gespräch zwischen uns. Ich habe Dir ganz bewusst die Kinderfrage ge-

stellt, weil mir einfiel, dass auch Du »Jüngere« nun ja doch die 35 überschritten hast (oder?). Ergo Deine Fruchtbarkeit sinkt, ob Du's willst oder nicht; und ich bei Ys Geburtstag einige 40-Jährige traf (unter anderem X, auch wenn sie's nur indirekt zugibt, sie stöhnt eben lieber über alles andere), die furchtbar darunter litten, keines zu haben – während Z strahlte, dass sie nun doch gerade noch schwanger geworden war. Und meine Freundin P in London, gleich alt mit mir, trotz vielen Versuchen, aber eben erst seit etwa 3 Jahren, immer noch nicht schwanger ist und darunter leidet. Ein Sch… thema, ich weiß, aber frau sollte sich dem stellen. Ich habe das Gefühl, das Leben so fröhlich nehmen zu können, weil ich so unendlich fest an T. gebunden bin, weil ich diese allergrößte Liebe in meinem Leben habe: mein Kind. Ich vermisse sie andauernd, aber es ist einfach toll, sie so zu vermissen, auch wenn es manchmal richtig wehtut. Ich bin für diese Sehnsucht dankbar.

Ich: Die Kinderfrage ist sicher eine, die frau sehr ernst nehmen und ehrlich mit sich klären muss. Ich beneide manchmal die Frauen, die sehr früh im Leben ganz genau wissen, dass sie ein Kind haben wollen, oder auch jene, die genau wissen, sie wollen keins (obwohl diese Entscheidungen eher Schwankungen unterworfen zu sein scheinen als die pro). Ich weiß im Moment leider überhaupt nicht so genau, wie ich gern leben möchte, nicht einmal wo. Vielleicht genau der richtige Zeitpunkt für ein Kind? Nein, es sollte nie aus der Verlegenheit heraus sein, dass frau sonst nichts zu tun hat. Das wäre eine zu große Bürde für das arme Kind, und ich wäre sicher nicht sehr glücklich mit der kompletten Mutter-Alternative.

4

»WIR HABEN DOCH UNSERE BONSAI« ODER VON DEN SORGLOSEN ZWANZIGERN

Schuld an meiner späten Mutterschaft ist im Grunde der Fahrplan der Hamburger S-Bahn. Alles beginnt in einer lauen Hamburger Augustnacht im Jahr 1992, als ich an der Station Schlump stehe und nur noch die Rücklichter der letzten S-Bahn nach Wedel sehe. Was tun? Ein Taxi nehmen bis in den weiten Elbvorort hinaus? Das würde mein mageres Budget als Volontärin der Henri-Nannen-Schule schwer durcheinander wirbeln. Schnell rübersprinten zum Bahnsteig gegenüber, wo der Mann, dessentwegen ich die Bahn verpasst habe, noch auf den letzten Zug in die Gegenrichtung wartet?

Schicksalsnacht! Wäre ich an jenem Abend nach dem netten Dinner beim Inder in meine kleine Einliegerwohnung im sehr bürgerlichen, man könnte auch sagen, spießigen Wedel zurückgekehrt – hätte mein Leben dann eine andere Wendung genommen? Wäre die letzte S-Bahn buchstäblich der Zug ins Vorstadtleben gewesen? Stattdessen geht die Fahrt in die entgegengesetzte Richtung, endet die Nacht im damals coolen Single- und Studenten-Viertel Winterhude, das für ein anderes Leben steht: jede Menge Kneipen vor der Tür, Kulturfabrik und Kinos um die Ecke.

Lofts und schicker Altbau statt Einfamilienhäusern mit Schaukeln im Garten.

Aus dem Abend werden 13 Jahre, davon 12 in einer mal mehr, mal weniger festen Beziehung, mal in derselben, mal in verschiedenen Städten, mal als Dream-Team, dann wieder kurz vor der Trennung. Und bis zum Schluss ein unverheiratetes Paar ohne Kind. 13 Jahre, die aus mir beinahe eine ungewollt kinderlose Frau, zum Glück aber einfach nur eine späte Mutter gemacht haben.

Doch zunächst wohnt dem Anfang ein Zauber inne. Auch wenn es ein Anfang auf Raten ist. Wir sind beide 24, wohnen theoretisch in derselben Stadt, praktisch aber sind wir Nomaden, da wir für die Journalistenausbildung mehrere Praktika absolvieren müssen, die mich jeweils drei Monate nach Chemnitz, Madrid und München führen, ihn nach Dresden und Kairo. Alles fühlt sich flüchtig an, vorübergehend, ständig geht eine Zeit irgendwo vorbei, und eine neue Phase woanders beginnt. In 18 Monaten ziehe ich sechsmal um, lebe in vier verschiedenen Städten. Er ist ein halbes Jahr vor mir mit der Ausbildung fertig und bekommt den ersten Job nach der Journalistenschule in Dresden. Da bin ich gerade in München – und bleibe auch dort, als man mir nach dem Praktikum eine Redakteursstelle bei einem hippen neuen Jugendmagazin anbietet. Die Distanz wird Dauerzustand, fortan wohnen wir 472 Kilometer voneinander entfernt.

Es sind rastlose Jahre, ein schneller Wechsel von intensivem Miteinander und Zeiten allein. Ein Paar an den Wochenenden, mal in Dresden, mal in München, mal in Hamburg, dann wieder längere Zeiten des jeder für sich. Ohne dass wir es aussprechen, ist beiden klar: Der Beruf geht erst einmal vor. Nach Studium, Journalistenschule und vielen

Praktika sind wir hungrig auf das wahre Arbeitsleben. Wir wollen recherchieren, schreiben, uns einen Namen machen; wollen ausprobieren, was wir gelernt haben und sehen, wie weit unser Talent uns trägt. Und natürlich wollen wir Geld verdienen, nach Jahren mit Studentenbudget und Volontärsgehalt. Die Neugier ist groß, der Ehrgeiz auch, und weder ihm noch mir wäre in den ersten Jahren zu zweit auch nur der Gedanke an ein Kind gekommen. Ein Kind! Wir wollen – und müssen – mobil sein, haben keine Ahnung, welche Stadt wir dereinst einmal Heimat nennen, wann und ob es überhaupt eine gemeinsame Heimat geben wird. Alles ist offen, das Leben aufregend und scheinbar voll unbegrenzter Möglichkeiten. Die sorglosen Zwanziger eben.

Wir sind, mit anderen Worten, ein typisches junges Akademikerpaar, *young urban professionals*, die sich bereitwillig einlassen auf die Anforderungen der modernen Arbeitswelt und mit dem Gefühl leben, für alles noch ganz viel Zeit zu haben. Ein Gefühl, das wir offenbar mit vielen in unserem Alter teilen: 65 Prozent der deutschen Frauen zwischen 26 und 30 Jahren sind kinderlos.[22] Die deutsche Frau, vor allem, wenn sie studiert hat, lässt sich mit dem Kinderkriegen Zeit – erst gibt es noch so viel anderes zu tun. Warum also sollte ich es eilig haben? Das Erwachsenenleben fängt doch gerade erst so richtig an.

Und ist es nicht auch cool, in zwei Städten zu leben? Ein Wochenende in München, das nächste in Dresden, hier die Alpen vor der Tür und den Starnberger See, dort das Elbsandsteingebirge und nur ein Katzensprung nach Prag. Statt Alltagsstress und Streit um den Abwasch Vorfreude aufs Wiedersehen am Wochenende – wobei Studien ergeben haben, dass Paare, die nicht zusammen wohnen, keineswegs weniger streiten. Sie streiten nur über andere Dinge. Nicht darüber, wer den Müll runterträgt oder die Wäsche aufhängt, sondern darüber, wann man sich wiedersieht und wie viel Zeit man miteinander verbringt. So oder so: Nichts lag uns in jener Zeit ferner als der Gedanke an ein Baby.

Und trotzdem: Irgendwann wollen die meisten Frauen dann doch. Zumindest denken oder sagen sie das, wenn sie jung sind. Mit Anfang 20 gehen Umfragen zufolge 90 Prozent aller Frauen in Deutschland davon aus, dass sie eines Tages Kinder haben werden. Und natürlich träumen wir nicht von einem Leben als Alleinerziehende, sondern stellen uns mehrheitlich ganz traditionell eine Familie mit Vater, Mutter und am liebsten zwei Kindern vor. Daran haben auch die Achtundsechziger und die Frauenbewegung nichts geändert.

Wie war das bei mir? An Tagträume von mir mit Baby auf dem Arm oder an der Brust kann ich mich nicht erinnern, auch nicht daran, dass ich in Gedanken Kinderzimmer eingerichtet oder beim Anblick von Frauen mit dickem Bauch seufzend gedacht hätte, hach, eines Tages will ich das auch. »Ich kann mich nicht erinnern, dass du je auf Kinderwagen zugestürzt wärest, um den Inhalt zu bebusseln«, meint auch eine Freundin von mir. »Du warst nie so eine Duziduzi-Frau.« Was hätte ich geantwortet, hätte er mich damals, gleich zu Beginn und ganz allgemein, gefragt, ob ich eigentlich Kinder will?

So wenig ich mich erinnern kann, wann ich zum ersten Mal ganz bewusst den Wunsch nach Kindern verspürt habe, so genau weiß ich doch, dass ich niemals gedacht habe: Ich möchte keine Kinder. Irgendwo tief in mir drin hatte ich immer das vage Gefühl, dass ich eines Tages Kinder haben würde – vielleicht ist das in den Umfragen mit dem Begriff »davon ausgehen« gemeint. Eine abstrakte Möglichkeit, aber (noch) kein aktiver Wunsch. Etwas, das irgendwie zum Leben dazugehört, aber wovon ich noch keine konkrete Vorstellung habe, weder über das Wann noch über das Wie. Dazu war ich noch viel zu sehr mit mir selbst, mit dem Mann in einer anderen Stadt und natürlich mit dem Job beschäftigt. Mit 25 fühlt man sich noch so unendlich jung!

Ich hatte ja keine Ahnung. Tatsächlich näherte ich mich bereits dem Ende der von der Natur vorgesehenen idealen Zeit für eine Schwangerschaft – die liegt nämlich zwischen 20 und 25 Jahren. Hat mir als junger Frau übrigens nie jemand gesagt. Meine Frauenärztin brachte das Thema zum ersten Mal so um meinen 35. Geburtstag herum auf, rund zehn Jahre später. Ob ich eigentlich Kinder wolle, fragte sie beiläufig und schob den sanften Hinweis hinterher, dass ich mich dann allmählich »an die Arbeit« machen sollte.

Dummerweise ist unseren Eierstöcken völlig egal, dass wir Frauen heute in immer größerer Zahl studieren und dann nach dem Studium auch noch arbeiten wollen, bevor wir ans Kinderkriegen denken. Auch unsere im Vergleich zu unseren Großeltern und Urgroßeltern deutlich gestiegene Lebenserwartung lässt sie völlig kalt. Allem sozialen und medizinischen Fortschritt zum Trotz: Unsere Fortpflanzungsorgane funktionieren weitgehend genauso wie in der Steinzeit, als unsere weiblichen Vorfahren ihre Brut möglichst früh werfen mussten, um eine Chance zu haben, sie großzuziehen, bevor sie selbst schon wieder das Zeitliche segneten.

Die Uhr tickt also längst, ohne dass ich sie auch nur im Geringsten höre. Aber von diesem Versäumnis der Evolution ahne ich mit 25 in meiner in den Tag hinein geführten Fernbeziehung nichts. Familienplanung? Unsere gemeinsamen Pläne beschränken sich auf das nächste Wochenende, auf den nächsten Urlaub, und wenn wir eine Woche vor Weihnachten und Silvester wissen, was wir an den Feiertagen machen, ist das für unsere Verhältnisse weit vorausgeplant.

Unser Leben ist schnell und bunt. Wenn unsere Chefredakteure uns auf eine Recherche schicken wollen, sagen wir spontan zu, ohne den anderen groß zu konsultieren; logistisch besteht ja auch keine Not, sich abzusprechen, es müssen keine Babysitter organisiert oder Kitaabholpläne koordiniert werden, es darf abends spät werden, auch unangekündigt und ohne lange Vorwarnzeit. Wir sind Herr und Frau unserer Zeit, kurzfristig verfügbar und damit perfekte Kandidaten für einen oft nicht planbaren Redaktionsalltag. Vermutlich ist es kein Zufall, dass Publizisten die Berufsgruppe mit der niedrigsten Geburtenrate sind. Fast zwei Drittel der Männer (57,1 Prozent) in diesem Beruf haben mit 40 Jahren noch keine Kinder (und der Rest vermutlich eine nicht berufstätige Ehefrau zu Hause). Die Frauen in meiner Branche schneiden ein wenig besser ab: Ein gutes Drittel (36,7 Prozent) ist mit 40 Jahren noch kinderlos. Weitaus besser wären meine Chancen auf (zeitigen) Nachwuchs gewesen, hätte ich mich in einen Arzt, einen Gymnasiallehrer oder noch besser in einen Bauern verguckt. Aber ein Journalist mit einer Journalistin, noch dazu beide gleich alt – babytechnisch nicht empfehlenswert![23]

Immerhin, Mitte 1994 spült uns das Schicksal wieder in dieselbe Stadt. Berlin. Ich fange in einer neuen Redaktion an, er folgt ein paar Monate später. Doch weil wir nun zusammen arbeiten, beschließen wir, weiterhin getrennt zu wohnen. Obwohl in derselben Stadt, bleiben wir also ein bilokales Paar, wie die Soziologen Paare mit getrennten Haushalten nennen. Auch wenn diese nun nur noch

7,8 Kilometer voneinander entfernt lagen und nicht mehr knapp 500.

Aha, horchen jetzt die Psychologen auf: klassischer Fall von Bindungsangst. Ist vielleicht auch nicht ganz falsch. Wir erklären das natürlich anders, schonender für unser Paar-Selbstbild: Bei acht Stunden täglich im selben Büro erscheint es uns einfach ratsam, zumindest theoretisch einen Rückzugsraum am Abend zu haben – denn am Ende verbringen wir trotzdem viel Zeit gemeinsam in einer der beiden Wohnungen. Die doppelte Miete ist uns die Option auf Abstand wert. Gleichzeitig sinkt mit getrennten Wohnungen die Wahrscheinlichkeit auf Kinder: Zusammenlebende Paare haben eine sehr viel größere Chance auf Elternschaft. Der Anteil von Frauen in einer bilokalen Paarbeziehung ohne Kinder übertrifft mit 56,7 Prozent sogar noch den von Single-Frauen (49,7 Prozent). Männer, die trotz Beziehung nicht mit ihrer Frau oder Freundin zusammen wohnen, haben sogar zu 84,4 Prozent keine Kinder.[24]

Frauen, kann man da eigentlich nur sagen: Wenn ihr Kinder wollt, rückt den Kerlen beizeiten auf die Pelle. Ein gemeinsames Dach über dem Kopf steigert die Chancen auf Nachwuchs ungemein. Vielleicht sind es aber auch einfach dieselben Kerle: jene, die – vorerst – keine Kinder wollen, und jene, die in einer Beziehung sehr großen Wert auf Abstand (alias Unabhängigkeit, Freiraum, Zeit allein) legen.

Wie entsteht überhaupt der Wunsch nach Kindern? Warum haben die einen ihn und andere nicht? Warum weiß die eine Frau mit 20, dass sie Kinder will, während die andere bis in die späten Dreißiger hadert? Und was ist mit den Männern?

Die Kinderwunschforschung ist ein weites, erst zaghaft beackertes Feld. Aber was an Daten existiert, ist höchst aufschlussreich. So gibt es in Deutschland trotz niedriger Geburtenraten nur wenig Menschen, die sich niemals Kinder wünschen oder gewünscht haben. Neun Prozent der Männer und 8,2 Prozent der Frauen zwischen 18 und 44 Jahren sagen, sie wollen keine eigenen Kinder.[25] Das wirft die spannende Frage auf, warum viele derer, die sich eigentlich Kinder wünschen, am Ende trotzdem keine bekommen oder warum sie weniger Kinder bekommen, als sie sich ursprünglich gewünscht haben. 2011 etwa wünschten sich Frauen im Durchschnitt 2,3 und Männer 2,1 Kinder. Die Geburtenrate aber liegt konstant bei 1,3 bis 1,4 Kindern.

Man könnte nun einfach sagen, das Leben kam halt dazwischen. Es gehen ja auch viele andere Wünsche, die wir mit Anfang 20 haben, nicht in Erfüllung. Wovon aber hängt ab, wann im Leben wir den Wunsch nach Kindern verspüren und wie intensiv wir versuchen, ihn zu verwirklichen? Und wovon hängt ab, ob es uns gelingt, einen vorhandenen Kinderwunsch zu realisieren? Welche Rolle spielt die Gesellschaft, in der wir leben, das Umfeld, die Freunde, die Familie?

Die wichtigsten Faktoren sind nach den Erkenntnissen der Kinderwunschforschung[26] das Alter, die Partnersituation und der berufliche Werdegang. Auch ökonomische Erwägungen spielen eine Rolle, allerdings nicht in dem Ausmaß wie noch Anfang der neunziger Jahre vermutet. Über Kinderwünsche wird situativ entschieden. Sie sind keineswegs konstant, sondern verändern sich im Lauf der Zeit. Ob und wann ein Kinderwunsch realisiert wird, hängt auch davon ab, wie hartnäckig und flexibel Elternschaft im Vergleich zu anderen Lebenszielen verfolgt wird.

Lange Zeit blickten die Forscher allein auf die Frauen, wenn es um Kinderwunsch und Geburtenverhalten ging –

als hätten die Männer nichts damit zu schaffen. Das hat sich zum Glück in den letzten Jahren geändert, dämmerte es den Experten doch endlich, dass Kinderkriegen zumindest in stabilen Partnerschaften immer auch ein Aushandlungsprozess zwischen Mann und Frau ist. Wer nur auf die Frauen guckt, sieht nur die Hälfte der Geschichte.

Was die absolute Zahl der gewünschten Kinder angeht, lassen sich zwei Tendenzen beobachten: In Ländern mit höheren Geburtenraten liegt auch die Zahl der idealerweise gewünschten Kinder auf einem stabil hohen Niveau. In Ländern mit niedriger Geburtenrate – wie Deutschland – nimmt dagegen auch die Zahl der gewünschten Kinder ab. In seinem Buch *Minimum* nannte Frank Schirrmacher diesen Trend die »Popularisierung der Kultur der Kinderlosigkeit« und stellte die – von der Kinderwunschforschung gestützte – These auf: »Je seltener wir Kinder sehen, desto deutlicher sinkt der Wunsch nach ihnen.«[27]

Die umgekehrte Erfahrung habe ich Jahre später am eigenen Leib gemacht im irakischen Kurdistan. Dort gehören Kinder so selbstverständlich dazu, dass ich mir als Frau ohne Kinder ganz merkwürdig vorkam, fast unvollständig, zum ersten Mal in meinem Leben. Anfangs stutzte ich noch über die Frage »Wie viele Kinder hast du?«. Nicht »Hast du Kinder?« oder »Möchtest du Kinder?«, sondern »Wie viele Kinder hast du?«. Weil es offenbar unvorstellbar war, dass eine Frau in meinem Alter – ich war 36 – keine Kinder hat. Zunächst machte ich mir noch die Mühe, ausführlich zu antworten. Doch merkte ich bald, dass meine guten Gründe dort nicht zählten oder keinen Sinn ergaben – schon weil in der konservativen Gesellschaft niemand zwölf Jahre mit einem Mann zusammen sein konnte, ohne verheiratet zu sein. Und zwölf Jahre zusammenleben, ohne Kinder zu bekommen? Das zog automatisch die nächste Frage nach sich: »Oh, und wer von euch beiden kann keine Kinder bekommen?«

»Wie kommst du darauf, dass einer von uns beiden keine Kinder bekommen kann?«

»Menschen in deinem Alter haben normalerweise Kinder.«

Ich weiß nicht mehr, wie oft ich diesen Dialog in Variationen geführt habe. Das Erstaunliche aber war: Allmählich wich die Gereiztheit, die diese Standardfrage anfangs in mir auslöste, einer tiefen Nachdenklichkeit. Zum ersten Mal konnte ich dem Thema nicht entkommen, weil ich in einer Gesellschaft lebte, in der es völlig legitim ist, eine kinderlose Frau Mitte 30 als Kuriosum zu betrachten und dies auch auszusprechen. In Deutschland mag zwar großpolitisch gegen Kinderlose Stimmung gemacht werden – auf individueller Basis aber muss sich eigentlich niemand rechtfertigen für die Entscheidung für oder gegen Kinder (auch wenn kinderlose Frauen dies zumindest in einem bestimmten Alter anders empfinden mögen, wenn sie immer wieder gefragt werden, ob sie sich auch sicher seien oder sich das nicht noch mal überlegen wollen). So genervt ich zunächst war über den Familienfundamentalismus: Indem ich mich anderen ständig erklären musste, horchte ich, vielleicht zum ersten Mal, so richtig in mich hinein, um auszuloten, was ich eigentlich will. Erst recht, als ein neuer Mann auf den Plan trat. Aber dazu später mehr.

Auch im Libanon, wo mein Kinderwunsch schließlich in Erfüllung geht, sind Kinder noch immer ein integraler Teil der meisten Biographien. Wenngleich viele Familien zumindest in den christlichen Teilen des Landes heute ebenfalls nur noch ein bis maximal zwei Kinder haben. In fünf

Jahren habe ich in Beirut einen einzigen Mann kennengelernt, der ganz offen und entschlossen sagt: Ich will keine Kinder.

Ganz anders ist das Mitte der Neunziger in unserer Berliner Jungjournalistenwelt. In der gibt es praktisch keine Kinder, jedenfalls keine, die uns nah genug kämen, um uns zum Nachdenken zu bewegen. Meine vier Neffen und Nichten leben Hunderte Kilometer entfernt. Auch sonst kommt von meiner Familie kein Druck, mich doch bitte möglichst bald fortzupflanzen: Bereits mit vier Enkelkindern gesegnet, zeigen meine Eltern größeres Interesse an meiner Karriere als an der Frage, ob und wann ich mir Kinder wünsche.

In seiner Familie gibt es gar keine Kinder, und auch in der näheren Verwandtschaft macht sich Nachwuchs rar.

Natürlich gibt es in der Redaktion Kollegen, die Kinder haben, doch sind die entweder deutlich älter als wir oder haben, da wir in Berlin bei einer ehemals ostdeutschen Wochenzeitung arbeiten, die klassische DDR-Biographie: früh geheiratet, früh Kinder bekommen, früh geschieden. Für uns kein relevantes Vorbild.

Hochzeiten, ja, die gibt es, Jahr um Jahr mehr. Wir tanzen in Moskau, trinken in Frankfurt, feiern in Brüssel die Liebe unserer Freunde. Doch die ersten Geburtsanzeigen lassen auf sich warten. Offenbar ticken viele unserer Freunde ähnlich wie wir, trotz des Schritts vor den Traualtar, und lassen sich mit dem Nachwuchs Zeit. Meist sind beide berufstätig, viel unterwegs und karrieretechnisch sprungbereit, falls sich eine neue Tür öffnen sollte, selbst wenn das erst einmal Umzug und Fernbeziehung bedeuten würde.

Und so konkurrieren wir mit unseren Freunden nicht darum, wessen Baby zuerst sitzen, krabbeln oder laufen kann, sondern darum, wer die besten Jobs bekommt oder wer die abenteuerlichsten Reisen macht. An einem Sonntagmorgen etwa sitzen wir mit einem anderen kinderlosen Paar beim Brunch in einem schicken Berliner Café und notieren auf den Servietten die Länder, in denen jeder von uns schon gewesen ist. »Länderpunkte sammeln« nennen wir dieses Spiel über die Jahre und wetteifern, wer von uns es wohl als Erster in den Club der 100 Länder schafft – kein sehr familienfreundliches Hobby. Peking statt Pekip-Gruppe und statt Baby-Yoga Chillen am Roten Meer. Kinderfreie Zonen. Besuchen wir zur Abwechslung, was selten vorkommt, eine der wenigen Kolleginnen mit Kind(ern) zu Hause, fühlt sich auch das an wie eine exotische Reise – von der wir allerdings überwiegend mit dem beruhigenden Gefühl nach Hause kommen, genau das Leben zu führen, das wir – derzeit – führen wollen.

Vor allem die Frauen wirken auf mich wahnsinnig gestresst. Der Versuch, Beruf und Familie zu vereinbaren, kostet sie sichtbar Kraft und Nerven. Und das in Berlin, wo es, anders als in vielen westdeutschen Städten, immerhin überhaupt erreichbare Betreuungsplätze für Kinder unter drei Jahren gibt. Ich bin ja mit einer »Nur«-Mutter aufgewachsen, die nach der Geburt meiner ältesten Schwester zu Hause blieb, wie es sich in den fünfziger Jahren gehörte. Mit drei Jahren ging ich halbtags in den Kindergarten, aber wenn ich um zwölf Uhr (!) nach Hause kam, war meine Mutter natürlich da. Daran änderte sich auch während der Grundschulzeit und dem Gymnasium nichts. Mittags stand ein warmes Essen auf dem Tisch, einen Hausschlüssel brauchte ich praktisch nicht. Ich kann mich kaum erinnern, wann ich mir zum ersten Mal selbst eine Tiefkühlpizza in den Ofen schieben musste. Ich wusste: So eine Mutter würde, könnte ich niemals sein. Aber die Alternative schreckt mich vorerst noch: Der Spagat zwischen Familie und Beruf, den ich bei meinen wenigen Kolleginnen mit Kindern beobachte, nährt in mir das deutliche Gefühl: So weit bin ich noch nicht.

Ohnehin kommt für uns schon bald, berufsbedingt, die nächste Fernbeziehungsphase (Bonn – Berlin, 599 Kilometer), bevor wir 1996 beide wieder in Hamburg landen – und nun tatsächlich zusammenziehen. No more miles, das Upgrade von der bilokalen Beziehung zur nichtehelichen Lebensgemeinschaft unter einem Dach. Nach vier Jahren endlich ein Paar nicht nur am Wochenende – bis zum nächsten Umzug jedenfalls, aber der steht, für mich, erst in drei Jahren an.

Inzwischen sind wir beide 28, in einem Alter also, in dem erste ernste Gedanken zur Familiengründung durchaus sinnvoll wären. Ticktack, ticktack. So weit aber sind wir noch nicht. Nach den Jahren der Fernbeziehung testen wir in Hamburg erst einmal unsere Alltagstauglichkeit zu zweit – und knien uns, wieder mal, in unsere neuen Jobs. Wir haben zwar beruflich einiges erreicht, stehen aber trotzdem beide vor einem Neuanfang: ich als Politikredakteurin bei einer Hamburger Wochenzeitung, er als freier Autor für ein Monatsblatt. Undenkbar, dass jetzt einer von uns aussteigt und mit einem Baby zu Hause bleibt.

Undenkbar? So empfinden wir es jedenfalls. Als Freiberufler könnte er sich zwar die Zeit gut einteilen, muss aber kurzfristig für Recherchereisen verfügbar sein, um für die Auftraggeber interessant zu bleiben. Und ich habe bei der neuen Stelle wie üblich erst einmal eine sechsmonatige Probezeit.

Es ist nicht einfach nur Ehrgeiz, der uns treibt. Zwar gehören wir noch nicht zur Generation Praktikum, die sich von einem schlecht bezahlten Zeitvertrag zum nächsten hangeln muss. Doch feste Redakteursverträge mit Betriebsrente und Gewinnbeteiligung sind auch nicht mehr selbstverständlich. Wir gehören zu den ersten Jahrgängen der Hamburger Journalistenschule, die nicht gleich im Anschluss an die Ausbildung komplett von einem der großen Hamburger oder Münchener Verlage übernommen werden. Aus meinem Kurs haben am letzten Schultag fünf oder sechs von 18 einen Redakteursvertrag in der Tasche, die anderen suchen noch oder arbeiten erst einmal frei. Trotz Ausbildung an einer sogenannten Eliteschule begleitet ein Gefühl der ökonomischen Unsicherheit die ersten Jahre im Beruf. Ein Gefühl, das immer prägender werden soll für unsere Branche.

Da überlegt frau sich natürlich umso genauer, ob und wann sie für wie lange aussteigen kann, ohne den Anschluss zu verlieren. Zumal ich mir ohnehin nicht vorstellen kann, finanziell von einem Mann abhängig zu sein. Und Kinder bekommen bedeutet, zumindest in jungen Jahren, leider immer noch häufig genau das. In 70 Prozent der Haushalte mit Kindern macht einer der beiden den Hauptverdiener, und in 60 Prozent aller Fälle ist das der Mann. Noch nicht überzeugt? Die Erwerbstätigenquote von Müttern mit einem oder zwei Kindern lag im Jahr 2011 bei 58,1 Prozent. Und von diesen wiederum arbeitete nur jede vierte Vollzeit![28] Und die Männer? »Bei den Vätern ist die Beteiligung am Erwerbsleben in West- und Ostdeutschland weitgehend unabhängig vom Alter des jüngsten Kindes.«[29] Mit anderen Worten: Für die meisten Männer ändert sich im Arbeitsleben durch die Geburt eines Kindes nach wie vor so gut wie nichts.

Mal ganz abgesehen davon, dass Frauen seit der Novellierung des Unterhaltsrechts gar nicht wagen können, nicht zu arbeiten, ob mit Kindern oder ohne: Eigenes Geld zu verdienen war für mich immer eine Selbstverständlichkeit, etwas, das zum Leben gehört wie das Atmen. Obwohl ich als vierte Tochter einer Ehe mit sehr traditioneller Rollenverteilung aufgewachsen bin – Vater verdiente das Geld, Mutter zog die vier Töchter groß –, kam das Hausfrauen-Modell für mich nie in Frage. Oder vielleicht gerade weil? Debatten über Haushaltsgeld und warum man wie viel wofür ausgegeben hat – ohne mich! Wenn mir nach Sushi ist oder danach, auf einen Schlag zehn Romane oder zwei Paar rote Schuhe zu kaufen, will ich darüber niemandem Rechenschaft ablegen. Mein Portemonnaie gehört mir.

Die Frage aber, wer von uns beiden zu Hause bliebe, kommt gar nicht erst auf. Denn dafür müssten wir überhaupt erst einmal über Kinder reden. Und uns gemeinsam überlegen, wie wir uns ein Leben, unser Leben mit Kindern vorstellen. Denn Kinder bedeuten, dass das Leben nicht so weiter gehen kann, wie es ist. Alles andere ist Selbstbetrug. Trügerische Hoffnung, die spätestens mit der ersten schlaflosen Nacht nach der Geburt verpufft. Was müssten wir ändern? Auf was verzichten? Was könnte bleiben, wie es ist? Würden Kinder unser Leben bereichern, oder würden wir uns fühlen wie selbstverschuldet aus dem Paradies vertrieben? Ganz schlicht gefragt: Wären wir mit Kindern glücklicher?

Fragen, die so abwegig nicht sind, glaubt doch nicht einmal die Hälfte aller kinderlosen Deutschen zwischen 18 und 50 Jahren, dass sich ihre Lebensfreude und ihre Zufriedenheit verbessern würden, wenn sie ungeachtet aller Umstände in den nächsten drei Jahren ein Kind bekämen.[30] Heute würde ich natürlich sagen: diese Ahnungslosen! So kann nur denken, wer keine Kinder hat. Doch kann eben niemand vorher mit Gewissheit sagen, wie das Leben nachher wird, wie wir uns als Eltern verändern, wie sich die Beziehung verändert. Wenn ich zum Beispiel an die Freundin von mir denke, deren Mann sie im achten Monat verlassen hat – weil er plötzlich feststellte, dass er eigentlich doch keine Kinder will; oder an die andere Freundin, die ihren Sohn nur bekam, weil der Vater ihr versprochen hatte, sie garantiert nicht zu verlassen – und es dann ein paar Monate nach der Geburt trotzdem tat.

Wie glücklich ich heute mit dem Kind bin, sagt nichts darüber aus, wie es mir damals mit einem Kind ergangen wäre. Als späte Mutter habe ich den Vorteil, entspannt auf all die Dinge zurückblicken zu können, die ich gemacht und erreicht habe, weil ich erst jetzt und nicht schon vor zehn, fünfzehn Jahren Mutter geworden bin. Ich kann mit Gewissheit sagen, dass ich den leitenden Job, den ich heute habe, nicht hätte, wäre ich mit 28 oder 33 Mutter geworden. Meine Jahre als Kinderlose haben mein heutiges Glück praktisch vorfinanziert – beruflich, finanziell und emotional.

Das bestätigt indirekt sogar die Forschung. Für die Studie »Glücklich sein: Vor und nach der Geburt der Kinder« haben Wissenschaftler des Max-Planck-Instituts für demografische Forschung in Rostock untersucht, wie sich Kinder auf das subjektive Wohlergehen ihrer Eltern auswirken.[31] Das Ergebnis ist erstaunlich eindeutig: Gut ausgebildete Eltern, die zu einem späteren Zeitpunkt und mit besseren Finanzen im Rücken Nachwuchs bekommen, ziehen aus der Geburt des ersten Kindes ein deutlich höheres und länger anhaltendes Glücksgefühl als junge, finanziell schlechter gestellte oder weniger gebildete Eltern.

Mit anderen Worten: Späte Eltern sind überwiegend glückliche Eltern, und das nicht nur in den Monaten des hormonsatten Glücksrausches direkt nach der Geburt, sondern langfristig. »Die Unterschiede zwischen Eltern, die 23–24 und 35–49 Jahre bei der Geburt des ersten Kindes sind, fallen besonders bei Frauen ins Gewicht, und der Zugewinn an Wohlbefinden ist besonders gering für junge Väter.« Dies, so mutmaßen die Forscher, könnte in Teilen erklären, warum immer mehr Paare das Kinderkriegen aufschieben.

Bei mir war es damals natürlich keine wissenschaftliche Erkenntnis, sondern ein reines Bauchgefühl – besser noch ein bisschen warten, aufgeschoben ist nicht aufgehoben. Auch wenn sich die Frage, wer zu Hause bliebe und wie wir trotz Beruf das Leben mit Kindern organisieren, mit der Zeit nicht einfach auflösen würde. Aber da ist ja dieses irrationale Hoffen auf den richtigen Moment, in dem es entweder plötzlich auf alle Fragen eine Antwort gibt oder aber die Fragen plötzlich nicht mehr wichtig erscheinen; weil im richtigen Moment entweder alles passt oder es egal ist, wenn es nicht passt. Was Frauen sich in der – partiell selbst gewollten – Warteschleife halt so zusammenträumen.

Ein Kind 1996, dem fünften Jahr unserer Beziehung, wie hätte das praktisch ausgesehen? Wir arbeiten beide gern und viel. Und noch immer reisen wir viel, sammeln fleißig Länderpunkte. Mit Rucksack und Zelt auf 4000er-Berge in Usbekistan trekken, mit dem Jeep durchs tibetische Hochland, Wandern am Schwarzen Meer – Touren, die mit Kindern unmöglich wären. Trotzdem habe ich nicht das Gefühl, das sei ein Grund, (noch) keine Kinder zu bekommen. Wir reisen so, weil wir keine Kinder haben, und wenn wir eines Tages welche haben, werden wir halt anders reisen. Dachte ich zumindest.

Komplizierter wäre das mit seinen ausgedehnten Recherchereisen: einen Monat in den damals für Reporter äußerst verschlossenen Irak, wochenlang quer durch das Nigerdelta, unterwegs mit den Maori auf Neuseeland. Wie wäre das, wenn wir Kinder hätten? Würde er andere Geschichten schreiben? Weniger aufwändige, weniger gefährliche Recherchen wählen? Oder würde er, was mir wahrscheinlicher scheint, vor allem ein abwesender Vater sein, der mit viel Glück zum errechneten Geburtstermin zu Hause wäre, aber zum ersten Kindergeburtstag schon nicht mehr unbedingt? Und wie würde es mir damit gehen?

Mein Alltag ist gemäßigter, mehr oder weniger feste Bürozeiten, zwischendurch kurze Reisen, um einen Politiker zu porträtieren oder eine Sozialreportage aus einem entlegenen Winkel Deutschlands zu schreiben. Ab und an auch ins Ausland, mit einem Minister nach Afrika oder mit dem Kanzler nach Georgien, doch verglichen mit ihm bin ich geradezu häuslich. Könnte ich meinen Job mit Kind machen? Mit größeren Abstrichen vermutlich schon, je nach Lage an der Betreuungsfront. Vielleicht könnte ich diese oder jene Geschichte nicht schreiben, ich müsste mehr Schreibtischarbeit machen und würde weniger rauskommen. Ich bilde mir ein, damit könnte ich leben, wenn der große Rahmen stimmt. Doch solange ich damit rechnen muss, mehr oder weniger alleinerziehend zu sein, von kurzen Phasen väterlicher Präsenz abgesehen, scheint mir das Unternehmen Kind noch nicht reif. Wenn schon Familie, dann richtig. Die Langstrecke allein und zwischendurch ein paar nette Momente zu dritt für das Familienfoto, das ist keine Aussicht, die mich lockt. Leide ich an Optimierungswahn? Habe ich zu viele Hollywoodfilme geguckt, zu viele idyllische Familienklischees im Kopf? Wie richtig muss der richtige Moment sein?

Für mich ist er auf jeden Fall noch nicht richtig genug. Noch ist mein Kinderwunsch zu vage, um sich gegen einen das Thema weiträumig vermeidenden Mann und gegen meine eigenen Zweifel und Ängste durchzusetzen. Ich traue uns als Paar dieses große Abenteuer noch nicht zu – und bekomme von ihm keine Signale, dass er es anders sieht. »Nicht zu jeder Bindung passt ein Kind«, schreibt die Journalistin Angela Voß in ihrem Buch *Ein Baby – jetzt, später oder nie?*. Selbst wenn grundsätzlich ein Kinderwunsch da ist: »Nicht in jeder Beziehung möchte man den Kinderwunsch realisieren. [...] Das hat nichts mit der Größe der Liebe zu tun, nichts mit der Intensität der Gefühle, sondern mit dem, was beide zusammen erleben wollen.«[32]

Und so mendeln wir uns unentschieden durch die Jahre. Meistens mag ich unser Leben, wie es ist. Oft habe ich allerdings das Gefühl, wir lassen uns treiben. Veränderungen kommen weniger durch gemeinsames Planen oder sein oder mein Drängen zustande als durch äußere Faktoren. Ob das bei anderen Paaren auch so ist? Nach außen stellen wir ja alle unser Leben gern als nahtlose Aneinanderreihung freier Entscheidungen dar. Auch wenn die Wirklichkeit eine ganz andere ist. Die gemeinsame Hamburger Wohnung etwa hat sich durch eine berufliche Veränderung ergeben: Ihm ist seine Stelle in Bonn gekündigt worden, Hamburg bietet die besten Alternativen. Dass er zu mir zieht, ist also weniger ein Liebesbeweis als vielmehr das Resultat des herrischen Gebarens eines Chefredakteurs. Und so wohnen wir fürderhin zu zweit in meiner hübschen Wohnung mit Alsterblick – allerdings im sechsten Stock ohne Fahrstuhl (mithin nix für Babys).

Ein Schritt, der uns als Paar nach außen sichtbarer macht und der Idee einer gemeinsamen Familie hätte näher bringen können. Andererseits fühlt sich alles wieder so neu an, so unerprobt. Ein bisschen ist es wie ankommen und aufbrechen zugleich. Unsere Bücher stehen nun in derselben Wohnung, aber nicht im selben Regal. Unsere Wäsche hängt bunt gemischt auf der Leine, doch unsere Konten bleiben getrennt. Wir teilen Badewanne, Bett und Briefkasten, nur den Wunsch nach einem Baby, den teilen wir nicht.

In dem Jahr, in dem wir zusammenziehen, wird die erste gemeinsame Freundin und Kollegin schwanger. Eine, auf deren Hochzeit wir noch nicht getanzt haben, sie kennt den Kindsvater noch nicht lange. Es geht alles ganz schnell. Umzug aus Hamburg zum Vater nach München, drei Monate später die Hochzeit. Kein Zögern, keine Halbheiten, ich weiß noch, wie überrascht ich war und auch wie skeptisch: Wenn das mal gutgeht! War ich neidisch? Eifersüchtig auf die Vorbehaltlosigkeit, mit der sie ihr gemeinsames Leben angingen, sich in das Abenteuer Familie stürzten? In Erinnerung geblieben ist mir vor allem das Gefühl des Staunens: über die Leichtigkeit, mit der besonders sie ihr Leben von einem Tag auf den anderen umkrempelt, sich für eine neue Rolle, ein neues Selbstverständnis entscheidet – und plötzlich vor allem Mutter ist. Denn auch die beiden zählen schon bald zu den 70 Prozent der Haushalte, in denen einer – der Mann – den Hauptverdiener macht, während sie in Teilzeit ein bisschen dazuverdient.

Meine Skepsis ist unbegründet. Es hat tatsächlich alles gepasst, die beiden sind bis heute zusammen, der Sohn ist inzwischen 16, alt genug, für meinen Sohn den Babysitter zu machen, lebten wir denn in derselben Stadt.

Wenn im Freundeskreis die ersten Kinder kommen, schiebt sich das Thema unaufhaltsam auch ins eigene Leben. Und sei es nur als lauernde Frage im Hintergrund: Wann ist es bei euch so weit? Die nächsten im Kinderreigen sind alte Freunde von ihm, die im selben Haus wie wir wohnen. Dann zwei gute Freundinnen von mir. Dann seine Exfreundin. Die Einschläge kommen näher. Plötzlich reden alle über Kinder.

Nur wir nicht. Jedenfalls nicht miteinander. Nicht über eigene Kinder. Allenfalls über die der anderen.

Und wenn jemand anders uns *die* Frage stellt, antwortet er immer zuerst. »Wir haben doch unsere Bonsais.« Alle lachen, und das Thema ist vom Tisch, obwohl das offensichtlich eine absolute Null-Antwort ist. Genauso gut könnte er sagen »Ich tanke übrigens Diesel«. Doch es ist schon heikel genug, Paaren Die Frage überhaupt zu stellen. Dann auch noch nachbohren, wenn so recht keine Antwort kommt, das wagt kaum einer. Ich selbst stelle Die Frage eigentlich nur sehr engen Freunden oder wenn sie sich beiläufig aus dem Gespräch ergibt, niemals überfallartig und auch eher nur einem von beiden, nicht zusammen und nicht in einer großen Runde.

Ich weiß nicht mehr, wie oft ich den Spruch mit den Bonsais gehört habe (zwei schlichte, auf Pseudo-Bonsai getrimmte Zimmerpflanzen, die uns irgendwann mal irgendwer geschenkt hat, also ohne jede tiefere Bedeutung) – und mit jedem Mal sinkt mein Mut, das Thema ernsthaft anzusprechen. Was dazu führt, dass wir in 13 gemeinsamen Jahren praktisch nie offen über Kinder reden. Wir, die wir uns sonst wortlos verstehen, sind beim Thema Kinder einfach nur wortlos.

Manchmal denke ich: Warum frage ich ihn nicht einfach? Auf was warte ich? Darauf, dass er den ersten Schritt macht? Das ist so wahrscheinlich wie Schneefall im Juni. Die Antwort ist einfach, wenn auch nicht schmeichelhaft: Ich bin feige, habe Angst vor einem Nein, Angst vor einem wenig klärenden »irgendwann, aber nicht jetzt«; Angst vor dem Gefühl, dass jede Antwort von ihm auf mich wirken könnte wie ein verklausuliertes »Im Prinzip schon, aber nicht mit dir«; Angst auch davor, was meine Frage bei ihm auslösen könnte. Und seine Antwort bei mir. Im Irrglauben, noch so viel Zeit für alles zu haben, will ich ihn, will ich uns nicht unter Druck setzen. Denn was würde ich machen mit einem Nein? Es akzeptieren? Mich trennen? Ist mein Wunsch nach Kindern größer als meine Liebe zu ihm?

Bisher habe ich selbst noch nicht das Gefühl gehabt, nun passe alles. Es ist mehr so eine diffuse Sehnsucht, dass ich gern wüsste, ob er sich generell vorstellen könnte, mit mir eine Familie zu gründen. Nicht sofort, nicht morgen, aber in zwei, drei Jahren. Wie vermutlich viele Frauen in ihren Zwanzigern denke ich damals noch: Wenn der richtige Augenblick für ein Kind da ist, werde ich ihn erkennen und werde wissen, was zu tun ist. Doch dieser Moment kommt nicht, jedenfalls nicht so, wie ich ihn mir vorgestellt hatte, jedenfalls nicht mit ihm. Er kommt viele Jahre später, mit einem anderen Mann – der dann auch der Vater meines Sohnes wird.

Damals aber wusste ich schlicht nicht, wie ich das Thema Kinder offen hätte ansprechen sollen. Kleine Andeutungen hier und da, ja, aber sonst? Liebling, ich will ein Kind von dir! Solche Sätze fallen allenfalls in der »Lindenstraße« oder in Hollywood. Den Zusatz »nicht unbedingt jetzt, aber schon gern irgendwann« hätte er vermutlich gar nicht mehr gehört vor lauter Schreck. Wie also stellt frau am geschicktesten die K-Frage? Eher beiläufig auf dem Gang durch den Baumarkt, zwischen Eichenfurnier und Schlagbohrer: »Sag mal, willst du eigentlich Kinder?« Zum Frühstück mitten in die Zeitungslektüre: »Ich hätte übrigens gern ein Kind«? Oder lieber bei einem romantischen Abendessen zu zweit, mit Kerzenlicht und vorzugsweise nach dem dritten Glas Rotwein?

Leicht alkoholisiert ist tatsächlich das einzige Mal, das ich mich aufraffen kann, ihn direkt auf Kinder anzusprechen, allerdings eher grundsätzlich. Die Antwort fällt, wie zu erwarten, in die Kategorie »jetzt nicht, aber irgendwann einmal bestimmt« – wobei ich sein »bestimmt« weniger auf uns als auf ihn beziehe. Immerhin, es ist kein Nein. Aber auch kein enthusiastisches, Zukunft versprechendes Ja. Die typische Warteschleife.

Aber soll ich ihn deswegen verlassen? Wo ich doch selbst vieles noch nicht genau weiß. Wie stelle ich mir ein Leben als Mutter vor? Wie viele Kinder möchte ich? Will ich aus dem Beruf aussteigen, und wenn ja, wie lange? Und was kommt dann? Möchte ich in der Stadt wohnen bleiben oder lieber raus aufs Land? Sicher, auf all diese Fragen findet sich eine Antwort, wenn die Meta-Frage – Kind ja oder nein – erst einmal geklärt ist.

Er mag das Wort Lebensplanung nicht, hat er irgendwann einmal gesagt, und ich habe mir nichts weiter dabei gedacht. Auch bei mir haben sich viele wichtige Dinge einfach so ergeben, und ich glaube sowieso nur bedingt an die Planbarkeit des Lebens. Aber planen ist das eine, entscheiden das andere.

Vermutlich wäre es leichter, wenn einer von uns beiden eine eindeutige Haltung hätte. Wenn entweder er kategorisch keine Kinder wollte (oder den Mut hätte zu sagen, dass er mit mir keine will) oder wenn ich vom Kinderwunsch so besessen wäre, dass klar ist: Wenn er nicht will, dann will ich ihn nicht mehr. Ich will Kinder, aber zu dem Zeitpunkt noch nicht so sehr, dass ich diesen Wunsch über alles andere hätte stellen können. Heute, mit meinem Sohn im Arm, kann ich sagen: Es war gut und richtig so, die Zeit war für mich einfach noch nicht reif.

Aber es hätte auch anders kommen können.

5

VON DER ANGST ZU SPRINGEN

Es gibt in den 13 Jahren viele Momente, in denen ich hätte springen sollen, zumindest wenn ich es streng unter dem Gesichtspunkt der Optimierung meiner Chancen auf Mutterschaft sehe. Manchmal bin ich auch gesprungen, doch zieht mich irgendein magisches Band immer wieder zurück. Der erste große Bruch kommt ein Jahr, nachdem wir zusammengezogen sind – ausgerechnet auf einer Hochzeit, einer der Sorte, für die man aufwändig anreist, weil sich das Paar nicht auf dem Standesamt um die Ecke das Jawort geben will, sondern in einem entlegenen Dorf in Estland. Verwunschen und romantisch, wenn alles gutgeht, elend weit weg, wenn man aus irgendeinem Grund plötzlich nur noch nach Hause will.

Dutzende von Freunden sind angereist, darunter auch eine alte Flamme des Mannes an meiner Seite, die an dem verlängerten Wochenende dummerweise wieder lichterloh brennt. Als ich die beiden am frühen Abend stundenlang nirgends finden kann (und auch niemand sonst zu wissen scheint, wo sie abgeblieben sind), betrinke ich mich so sehr, dass ich ihr, als die beiden endlich wieder auftauchen, vor die Füße kotze. Damit ist von meiner Seite alles gesagt.

Für die beiden ist die Sache leider noch nicht erledigt. Einen Monat lang drehen wir uns zu dritt im Kreis, bis ich beschließe zu springen. Genug ist genug. Doch mein Sprung hat genau den gegenteiligen Effekt – mit den Worten »Wenn eine Beziehung noch nicht rum ist, kann man sie nicht beenden« springt er hinterher, das Dreieck fällt in sich zusammen, und wir machen uns zu zweit an die Aufräumarbeit.

So eine Krise kann die verschiedensten Konsequenzen haben. Manchmal heißen diese Konsequenzen Oskar oder Mathilde oder Finn oder Klara und werden, mit etwas Glück, nicht sofort Scheidungskinder. Wie viele Kinder bei dem Versuch entstehen, zusammenzuschweißen, was eigentlich auseinander strebt, kann wohl niemand genau sagen. Ich wage die Behauptung: Es sind viele. Auch wenn kaum einer offen darüber spricht.

Wir haben diesen Impuls – zum Glück – nicht. Dann wäre ich zwar keine späte Mutter geworden, aber mit hoher Wahrscheinlichkeit eine alleinerziehende. Doch die Variante »Eigentlich wollten wir uns trennen, haben es aber stattdessen mit einem Kind versucht« ist nichts für uns. Wir wollen zusammenbleiben, müssen uns aber erst neu sortieren. Die andere bekommt übrigens ein paar Jahre später mit einem anderen ein Kind, lange vor mir, sie wird keine späte Mutter – den Kelch habe vielleicht ich ihr erspart. Wer weiß, wie mein Leben, meine Mutter-Biographie verlaufen wäre, hätte ich ihr meinen Platz in der Warteschleife an der Seite des von ihr Begehrten damals nachhaltig abgetreten.

Sommer 1997. Fünf Jahre sind vergangen seit jener lauen Nacht auf dem Bahnsteig der Hamburger S-Bahn. Und hier stehen wir, fast wieder am Start. Als hätten wir aus Versehen die Reset-Taste gedrückt. Über die Jahre gewonnen geglaubte Gewissheiten zerbröckelt, erlebte Nähe verloren.

Eine Familie gründen geht anders! Statt Windeln und Stramplern schleppen wir fortan lauter lästige »Was wäre gewesen wenn« im Gepäck.

Was wäre gewesen, wenn wir nicht nach Estland gefahren wären, wenn es den Bruch nicht gegeben hätte, sondern unser Leben zu zweit einfach weitergegangen wäre? In einer Stadt, in einer Wohnung, im Job gut etabliert, mit einem netten gemeinsamen Freundeskreis – hätte »es« dann gepasst? Wäre dann bald der richtige Moment gekommen, um über Familie nachzudenken? Hätten wir ein, zwei Jahre später, mit Anfang 30, das erste Kind bekommen und ein paar Jahre später gar das zweite? Wäre ich dann keine späte Mutter geworden?

Und was wäre gewesen, wenn ich mich nach dem Sprung nicht hätte zurückholen lassen? Ich bin 29, als wir uns kurzfristig trennen. Jung genug, um ohne Panik nach einem neuen Partner und potenziellen Vater zu suchen. Ohne Zweifel: Die Beinahe-Trennung im fünften Jahr und wie wir daraus hervorgegangen sind, hat aus mir eine klassische Anwärterin für späte Mutterschaft gemacht. Doch wer sieht das in einem solchen Moment? Zumal ich mich ja noch überhaupt nicht im Mutter-Modus fühle.

Ich bin gesprungen, aber nur mit halbem Herzen. Ein Muster, das sich Jahre später noch einmal wiederholen soll. Bevor wir uns dann im dritten Anlauf tatsächlich trennen, acht Jahre und fast hundert wertvolle Eisprünge später.

Acht weitere Jahre! In der »Rushhour des Lebens«, wie die Familienforschung die Zeit zwischen 27 und 35 Jahren nennt, weil wir versuchen, in diesen Jahren so viel unter einen Hut zu bringen, erlaube ich mir den Luxus der Langsamkeit. Mit 29, bilde ich mir ein, liege ich ja noch gut in der Zeit – weil keine Kinder haben ganz lange »noch« keine

Kinder haben bedeutet; bis sich das »noch« unmerklich verflüchtigt. Vier Buchstaben, die den himmelweiten Unterschied zwischen Hoffnung auf den Tag X und Kinderlosigkeit markieren.

Nachdem der schwarze Juli überstanden ist, taumeln wir noch eine Weile, wie zwei Betrunkene, die einander stützen wollen und sich dabei erst recht aus dem Gleichgewicht bringen, die aber trotzdem nicht loslassen wollen aus Angst, dann richtig hart zu fallen. Am Anfang denke ich oft, eine Trennung wäre leichter gewesen. Auch schmerzhaft, klar, und das Entflechten zweier Leben hätte ein Weilchen gedauert. Aber dann wären wir aufgebrochen zu neuen Ufern, jeder für sich, ein klarer Schnitt und wir wieder so rein wie weißes Papier.

Doch dann sind da diese großartigen Momente, die alle Zweifel in Luft auflösen, in denen ich denke: Bloß nicht weitersuchen, du hast ihn längst gefunden, deinen Mister Right. Den Vater deiner Kinder. Den Mann, mit dem du alt werden wirst.

Oft sind es kleine, leise Momente, eine SMS, ein hingekritzeltes Zitat aus einem Buch, ein gemeinsames Frühstück auf dem Dach, hoch oben über der Stadt. Und manchmal sind es große Gesten.

Wie die Entführung zu meinem 30. Geburtstag. Zwei Tage davor bietet er, ganz gegen seine Gewohnheit, morgens an, mich in die Redaktion zu fahren. Er müsse ohnehin etwas in der Stadt erledigen und könne mich mitnehmen. Also lasse ich mein Fahrrad im Keller und steige zu ihm ins Auto. Von unserer Wohnung zur Innenstadt ist es nicht weit, er fährt aber in die völlig falsche Richtung. »Ich muss noch was abholen, hatte ich ganz vergessen«, sagt er, und wenig später stehe ich am Flughafen. Einen Koffer hat er diskret bereits am Vorabend gepackt und in den Kofferraum gelegt und außerdem mit einer Freundin vereinbart, dass sie das Auto später am Flughafen abholen würde. Ich weiß lange nicht, wo es hingeht, da wir in Paris umsteigen müssen. Vom Charles-de-Gaulle-Flughafen fliegen wir weiter nach Nizza, steigen dort um in einen Mietwagen und stehen ein paar Stunden später vor einem verwunschenen Steinhäuschen in der Provence. Meine Geburtstagsüberraschung! Momente wie dieser sind der Kitt, der uns zusammenhält. Trotz allem.

Wäre unser Leben ein Film, eine romantische Komödie, hätte das Drehbuch sicher einen Heiratsantrag in Südfrankreich vorgesehen, vor dem Kamin vielleicht oder beim Ausflug auf den Wochenmarkt, wo es zum Frühstück Weißwein gibt und frische Austern aus dem Atlantik. Und im Schatten der Apfelbäume unten am Fluss hätten wir am Nachmittag unser erstes Kind gezeugt. Mein Ressortleiter, bei dem der Gelegenheitsromantiker heimlich Urlaub für mich eingereicht hat und der deshalb eingeweiht war in den Geburtstags-Entführungsplan, zeigt sich schwer beeindruckt. »Der Mann liebt dich wirklich«, meint er. Und so schwebe ich auf einer rosa Wolke in mein 31. Lebensjahr. An dieser Stelle sei es einmal klar gesagt: Das größte Hindernis bei der Suche nach dem Richtigen ist das Gefühl, ihn schon gefunden zu haben. Wenn vieles stimmt, aber eben nicht alles. Und lange nicht klar ist, was schwerer wiegt.

Im nächsten Jahr bekommen zwei gute Freundinnen von mir Babys. Ich erlebe die Schwangerschaften aus nächster Nähe mit. Die eine ist 32 Jahre alt, die andere 35, »damit zähle ich schon zu den Risikoschwangeren«, sagt sie lachend, und ich bin total überrascht, weil ich überhaupt nicht das Gefühl habe, sie sei irgendwie spät dran. Vielleicht weil bislang so wenige Frauen in meinem Freundeskreis Kinder haben. Ich lerne neues Vokabular wie Nackenfaltenmessung und Fruchtwasseruntersuchung, teile die Erleichterung, als alles in Ordnung ist, und bin neugierig, aber auch ein wenig ängstlich, wie unsere Freundschaft die neuen Rollen überleben wird. Können Mütter und Nicht-Mütter überhaupt Freundinnen sein? Die einen haben Kinder, die anderen mit etwas Glück eine Karriere, und wenn die eine mal wieder verzückt erzählt, dass der Sohn sich jetzt schon allein von links nach rechts drehen kann und beim Wickeln nur noch selten auf die Mami pinkelt, überlegt sich die andere verzweifelt, wie sie das Gespräch wieder auf Themen lenken kann, die dem Intellekt einer 30-Jährigen angemessen sind.

Doch es kommt ganz anders als erwartet. Statt Idylle zu dritt und Mütter im Rausch der Hormone erlebe ich bei beiden den Einstieg ins Leben als Alleinerziehende. Eine Tragödie, noch vor der Geburt, bei der einen, ein Trennungsdrama, ein Jahr nach der Geburt, bei der anderen.

Die Tragödie: Der werdende Vater wird auf einer Recherchereise im Kriegsgebiet erschossen. Das Unglück ruft mir das im Alltag verdrängte Berufsrisiko ins Bewusstsein: Der Job, den auch der Mann in meinem Leben macht, ist gefährlich, und selbst wenn es hundertmal gutgeht, ist das keine Garantie für das 101. Mal. Kann ich mit der Angst leben, wenn es nicht mehr nur um mich ginge, sondern um ein Kind, das ihn als Vater braucht? Er liebt ihn, den Reporterjob, und ich weiß, er würde ihn nie aufgeben, für mich sowieso nicht, aber auch nicht für ein Kind. Und ich könnte und würde ihn auch niemals darum bitten, das wäre, als bäte ich ihn, ein anderer zu werden. Und natürlich wird es immer irgendwo einen Krieg geben, über den zu berichten ist, eine Revolution, einen Umsturz und all die Geschichten, die mit ihnen kommen.

Wie gesagt, Publizisten sind die Berufsgruppe mit der höchsten Rate von Kinderlosen. Interessant wäre eine noch detailliertere Statistik, wie innerhalb dieser Gruppe die Kriegsreporter abschneiden. Sind sie die Spitzenreiter unter den Spitzenreitern? Wie kann einer, der immer wieder in die Abgründe der Menschheit schaut, der Tod und Zerstörung begegnet und den Blick nicht abwendet, sondern genau hinsieht, um der Welt davon zu berichten, in den Niederungen des Alltags überleben? Wenn die großen logistischen Herausforderungen nicht darin bestehen, in einer belagerten Stadt Benzin für den Jeep zu organisieren oder einen halbwegs sicheren Transport in das nächste Dorf, sondern darin, das Kind morgens rechtzeitig zur Kita zu bringen und noch vor Schließung wieder abzuholen; wo Kindergeld beantragt werden muss, Impftermine einzuhalten sind und eine Schnupfennase am Morgen alle Planung über den Haufen werfen kann, weil das Kind erkältet nicht in die Kita darf. Wird für ihn, der im Krieg zu Hause ist, das normale Leben der Ausnahmezustand? Was sagt ein Vater seinem Kind, bevor er sich willentlich in Gefahr begibt?

Meine Freundin ist stark, aufrecht meistert sie die Katastrophe, die alle Lebenspläne von einem Tag auf den anderen völlig umgeworfen hat. Ich bewundere sie und spüre zugleich, dass das Thema Kind in der momentanen Konstellation für mich noch mal eine Spur komplizierter geworden ist.

Das Trennungsdrama: Er verlässt sie, ein knappes Jahr nach der Geburt, obwohl er vorher hoch und heilig versprochen hat, mindestens bis zum 18. Geburtstag des gemeinsamen Kindes für sie da zu sein. Meine Freundin fühlt sich ausgetrickst, und das Schlimme ist: Der Verrat schmerzt doppelt, weil er nicht nur ihr gilt, sondern auch dem Kind und sie nichts dagegen tun kann. Auch sie ist stark, wird zur Löwenmutter, die sich neben dem Alleinerziehen weiter in ihrem Beruf behauptet, umgeben von Männern, die problemlos bis spätabends im Büro bleiben können, weil sich ihre Frauen ja zu Hause um den Nachwuchs kümmern. Vorgestellt aber hat sie sich ihr Leben ganz anders: mit vielen Kindern, eine große, glückliche Familie, in der beide Eltern für die Kinder da sind.

Das sind, mit Anfang 30, meine unmittelbarsten Eindrücke zum Thema Kinderkriegen. Nicht zu verallgemeinernde Einzelschicksale natürlich, aber nah genug an meiner Lebenswirklichkeit, um mich mit vielen neuen Fragezeichen zu umstellen. Wobei am Ende doch alles Unterfragen der einen ganz großen Frage sind: Würden wir den Übergang vom Paar zur Elternschaft überleben?

Selbstverständlich ist das keineswegs: Laut Statistischem Bundesamt haben Paare bei der Hälfte aller Scheidungen minderjährige Kinder. 40 Prozent dieser Trennungen finden bereits im ersten Jahr nach der Geburt des ersten Kindes statt. Ohne Trauschein ist das Trennungsrisiko sogar noch größer. Natürlich weiß die Statistik nicht, welche Ehen und Beziehungen auch ohne Kinder in die Brüche gegangen wären. Aber dass Kinder zum Trennungsgrund werden können, leuchtet mir sofort ein, ist das doch eine der Hauptsorgen, die mich selbst zögern lassen.

Das tägliche Aushandeln, wer sich um was kümmert, die Notwendigkeit, den Umgang mit der eigenen Zeit völlig umzukrempeln, neue Prioritäten zu setzen, im Job vielleicht auch mal nein zu sagen – können wir das? Ich bin skeptisch, argwöhne, dass sich vor allem sein Leben mit Kind nicht wesentlich von seinem Leben ohne Kind unterscheiden würde. Was in der Konsequenz hieße, dass der Löwenanteil der Veränderungen an mir hängen bliebe.

Zwar sagen laut Bundesfamilienministerium 60 Prozent der Väter, sie würden ihre Arbeitszeit gern reduzieren. Tatsächlich aber arbeiten Väter ihr Leben lang deutlich länger als kinderlose Männer, je nach Alter zwischen zwei und fünf Stunden pro Woche.[33] Der Mann in meinem Leben arbeitet schon als Kinderloser deutlich mehr als die meisten Männer. Wie sähe seine Stundenzahl dann erst als Vater aus?

»Verbale Aufgeschlossenheit bei relativer Verhaltensstarre« stellte der Soziologe Ulrich Beck bereits 1990 bei den deutschen Vätern fest. Wobei man den Vätern fairerweise nicht allein die Schuld geben darf. Martin Bujard vom Bundesinstitut für Bevölkerungsforschung erklärt das Phänomen der Überstundenväter vor allem mit den finanziellen Verpflichtungen, die durch die Familie entstehen. »Wenn Mütter nach der Geburt eines Kindes ihre Erwerbstätigkeit reduzieren, dann fangen viele Väter das fehlende Einkommen mit längerer Arbeitszeit auf.«[34] Und schon sitzen beide in der Rollenfalle fest. Die größte Traditionalisierungsfalle, meint Stefan Reuyß vom Institut für Sozialwissenschaftlichen Transfer in Berlin, »ist Kind 1. Und die allergrößte Kind 2.«[35]

Mutti lässt grüßen! Die Aussicht, trotz Hochschulabschluss und erfolgreichem Berufseinstieg und nach Jahren der finanziellen Unabhängigkeit durch die Geburt des ersten Kindes auf eine Zeitreise in die fünfziger Jahre geschickt zu werden, ist wenig attraktiv – und spielt, so weit sind die Forscher heute immerhin, eine zentrale Rolle für die niedrigen Geburtenraten und für die zunehmende Zahl von späten Müttern in Deutschland.

Ist doch klar, dass immer mehr Frauen zögern, weil wir zumindest ahnen, wie sehr sich unser Leben verändern wird;

oder weil wir im Freundeskreis die wundersame Verwandlung von modernen Paaren, die es auch ganz anders machen wollten, zu Abbildern unserer Eltern beobachten. Daran hat auch die Einführung des Elterngeldes wenig geändert. Wenn es um das Stichwort »neue Väter« geht, wird gern ins Feld geführt, dass im Jahr 2010 ein Viertel der Väter Elterngeld beantragt haben. Was in diesem Loblied untergeht: Drei Viertel der Väter nahmen lediglich zwei Monate Elternzeit, also genau die vorgeschriebene Mindestzeit, die nötig ist, damit ein Elternpaar die vollen 14 Monate Elterngeld ausschöpfen kann.[36]

Bei den Frauen dagegen nehmen fast 90 Prozent ein volles Jahr in Anspruch, lediglich ein Prozent bleibt nur zwei Monate mit Elterngeld zu Hause. Ich kann es förmlich sehen: Er reist weiterhin als rasender Reporter durch die Welt, während ich zu Hause die Windeln wechsle und, mit etwas Glück, nach einem Babyjahr vielleicht eine Teilzeitstelle als Schreibtischredakteurin finde. Oder wie das Schweizer Autorinnen-Duo Nicole Althaus und Michele Binswanger in seinem Buch *Macho-Mamas. Warum Frauen im Job mehr wollen sollen* schreibt: »Frau und Mann können sich nebeneinander entfalten, solange sie ein Paar bleiben und keine Familie werden. Mit den Kindern ziehen auch die Geschlechterideologien ins traute Heim, und vieles bleibt beim Alten.«[37] Eine Beobachtung, die der Familienreport 2010 bestätigt: Demnach finden es mehr als 60 Prozent der Männer ideal, wenn die Frau in den ersten Kinderjahren beruflich zurücksteckt. Das finden aber nur rund 37 Prozent der Frauen. Sie wünschen sich Familienglück und ein erfülltes Berufsleben. Eine Statistik, die Konfliktpotenzial enthält.

Mache ich mir zu viele Gedanken? Bin ich zu realistisch? Zu pessimistisch? Zu wenig opferbereit? Warum kann ich mir keine »Unverwundbarkeitsillusion« aufbauen, wie es offenbar die Paare machen, die schließlich den Schritt zum Kind wagen? Das fand die Soziologin Barbara Reichle heraus, die seit Jahren den Übergang von Paaren in die Elternschaft erforscht. Paare mit Kinderwunsch sind demnach große Meister darin, sich etwas vorzumachen, nämlich dass sich trotz Kindern so wenig wie möglich ändere.[38]

Ein schöner Traum. Doch dieses Talent zum Selbstbetrug fehlt mir leider. Vor dem Kind ist nach dem Kind? Niemals. Nicht mit dem Mann an meiner Seite. Und nicht mit dem hypermobilen Leben, das wir führen.

Meine Überlegungen und Bedenken sind, wie ich heute weiß, durchaus typisch für gut ausgebildete Frauen in Deutschland. Frauen mit Kinderwunsch, die befürchten, in den ersten Lebensjahren des Kindes nicht oder nur sehr eingeschränkt berufstätig sein zu können, reagieren nach Beobachtung der Soziologie-Professorin Corinna Onnen darauf, indem sie den Kinderwunsch nicht einlösen.[39] Oder, kann man heute ergänzend hinzufügen, indem sie den Kinderwunsch aufschieben und später einlösen.

Wir sind jetzt sieben Jahre zusammen. Auch wenn sich das lang anhört für ein Paar, das über Kinder noch nicht einmal redet: Noch liegen wir voll im Bereich der Norm für Akademikerpaare: 82 Prozent der Männer (und 63 Prozent der Frauen), deren Partnerschaft noch keine sieben Jahre besteht, haben keine gemeinsamen Kinder mit ihrer Partnerin. In den Jahren sieben bis zehn sinkt der Anteil der kinderlosen Männer auf 45 Prozent (Frauen 34 Prozent), und bei Paaren, die elf Jahre und länger zusammen sind, haben nur noch 18 Prozent der Männer (13 Prozent der Frauen) keine Kinder mit der Partnerin. Für uns beginnt nun also die Zeit, in der es zumindest rein statistisch gesehen immer wahrscheinlicher wird, gemeinsam Kinder zu bekommen.[40] Gäbe es da nicht all die Gründe, die dagegen sprechen.

Kurz vor der Jahrtausendwende ziehe ich wieder nach Berlin. Auf einer Reise im Kanzlertross nach Peking im Mai 1999 hatte mir der Leiter eines großen Hauptstadtbüros eine Stelle angeboten. Eigentlich bin ich mit meiner momentanen Arbeit hochzufrieden, ich mag die kleine, überschaubare Redaktion, ich schätze die Freiheiten, die ich habe, genieße das Vertrauen, das meine Chefs in mich setzen. In drei Jahren habe ich mir meinen Platz erobert in der Redaktion, ich darf Porträts der großen Köpfe schreiben für die angesehene Seite Drei und werde für wichtige politische Themen gesetzt. Und trotzdem lauert in der Medienbranche natürlich immer die Frage: Und was kommt als Nächstes? Kann ich das Angebot, von einer kleinen defizitären Wochenzeitung zu einem großen Magazin zu wechseln, von knapp 100 000 Auflage zu über einer Million, überhaupt ausschlagen?

Vielleicht bliebe ich in Hamburg, wären die Dinge anders, als sie sind. Fernbeziehung, zwei Wohnungen, pendeln und sich sehen nur am Wochenende, das hatten wir alles schon. Auf dem Weg zu einer Familie ist es ein klarer Schritt in die falsche Richtung. Den größeren Schritt fort aber hat zuvor er gemacht. Denn als ich nach Berlin ziehe, sind wir, seit wann genau weiß ich nicht, längst wieder zu dritt. Eine neue Andere, ein neues Dreieck, diesmal nicht kurz und heftig, sondern lang und gut geheim gehalten.

Details spielen keine Rolle, sondern nur die Folgen für unsere Beziehungsbiographie, wie das so schön bei den Familienforschern heißt. Die unterscheiden grob zwischen drei Phasen auf dem Weg, den ein Paar gemeinsam zurücklegt: lose – fest – festgelegt.[41] Äußerer Ausdruck für die

Phase »fest« ist das Zusammenleben, das haben wir noch hingekriegt. Der Übergang in die Festlegungsphase erfolgt dann durch Heirat und / oder Familiengründung. Wir aber, so scheint es, sind in der »Fest«-Phase hängengeblieben. Wir leben zusammen, schaffen aber den Sprung in die Festlegung nicht, sei es durch ein äußerliches Zeichen wie Heiraten, sei es durch eine gelebte Verbindlichkeit wie gemeinsame Kinder. Stattdessen drehen wir Schleifen. Alle paar Jahre, immer wieder von vorn. Andere führen eine Beziehung nach der anderen, wir drehen uns in derselben im Kreis. Serieller Reset. Gift für die Familienplanung.

Weshalb mir eben die Mutter eines guten Freunds empfiehlt: »Wenn du Kinder willst, trenn dich jetzt. Noch ist es nicht zu spät, noch findest du einen anderen!« Ich bin zuerst empört, dann lache ich sie aus beziehungsweise ihr Ansinnen weg. Ihr Rat ist mir peinlich. Als habe mir gerade zum ersten Mal jemand einen Spiegel vorgehalten und gesagt: Sieh hin, du bist kein junges Mädchen mehr, die Jahre ziehen vorüber, und eh du dich's versiehst, bist du alt. Zu alt auf jeden Fall, um Kinder zu bekommen. Und sie hat natürlich recht. Besser gehen, solange noch Zeit ist. Falls überhaupt noch Zeit ist. Als 32-Jährige mit allmählich mehr als latentem Kinderwunsch falle ich bald in die Kategorie schwer vermittelbar. Frauen in meinem Alter, gut ausgebildet und auf der Suche nach »einer Beziehung, die so dauerhaft sein könnte, dass man übers gemeinsame Kinderkriegen nachdenkt«, seien »der Prototyp dessen, was Männer verscheucht«, beschreibt die Journalistin Judith Liere ernüchtert die Lebenswirklichkeit von Single-Frauen Anfang 30.[42] Keine verlockende Aussicht.

Zumal ich als hoch qualifizierte Frau auf dem Paarungsmarkt ohnehin ein Problemfall bin, zusammen mit all den ungelernten und unstudierten Männern, die ihrerseits schwer an die Frau zu bringen sind. Warum? Weil sich in unserer Gesellschaft zwar Männer nach unten orientieren können, Frauen aber nicht. Anders ausgedrückt: Der Chefarzt kann die Krankenschwester heiraten, die Chefärztin aber nicht den Krankenpfleger – was bei immer mehr gut ausgebildeten Frauen natürlich irgendwann zu einem Mangel an geeigneten Gegenstücken führt. Je höher ich als Frau auf der Bildungsleiter klettere, desto kleiner wird, zumindest nach den gängigen Kriterien, die Auswahl verfügbarer Männer. Die Schweizer Autorinnen Nicole Althaus und Michele Binswanger behaupten gar, für Frauen sänken die Bindungschancen in Korrelation zu ihrem IQ: 16 Punkte mehr Grips gleich 40 Prozent geringere Aussichten auf einen festen Partner.[43] Ihr Fazit: Frauen könnten heute zwar Karriere machen, hätten aber noch nicht den Dreh heraus, dies Männern als attraktiv zu verkaufen.

Und dann kommt noch der Faktor Alter dazu. Sie habe es, erzählt mir eine Single-Freundin, deutlich fühlbar schwer gefunden, ab 40, vielleicht aber auch schon fünf oder zehn Jahre früher, »einem Mann zu begegnen, der auf Augenhöhe ist und nicht nach einer zehn bis zwanzig Jahre jüngeren Frau Ausschau hält«. Viele Männer, so ihre Erfahrung, warten lieber, bis sie 40 oder 50 sind, bevor sie sich auf das Abenteuer Familie einlassen. Nur für die gleichaltrigen Frauen ist es dann leider zu spät.

Meine Chancen, nach einer Trennung mit Anfang 30 zügig einen neuen, bindungswilligen Mann mit Kinderwunsch zu finden, mögen zwar größer sein als die auf einen Sechser im Lotto, aber so richtig toll sind sie offenbar nicht. Eine Forsa-Umfrage im Jahr 2011 ergab, dass sich 61 Prozent aller Frauen zwischen 25 und 45 ein Kind wünschen, aber jeder Dritten fehlt dazu der passende Mann.[44] Oder wie eine Leserin unter dem Pseudonym »Asilanom« im *Brigitte*-Forum »35 und Kinderwunsch, aber kein Mann in Sicht« schreibt: »Wenn man Glück hat, findet man sogar noch mit Anfang 40 den Richtigen, um eine Familie zu gründen. Wenn man aber Pech hat, kann man sich auf den Kopf stellen, und dennoch sind die 10 Jahre zwischen 35 und 45 schnell herum, ohne dass man den Richtigen gefunden hat. Oder man wird einfach nicht (mehr) schwanger. Eine Garantie kann einem niemand geben.«[45]

Das allein wäre natürlich kein Grund zu bleiben. Oder zumindest ein sehr schlechter. Aber woran erkennt man, dass es Zeit ist zu gehen? Wie schon The Clash in ihrem einzigen wirklich großen Hit gesungen haben:

> *One day is fine, the next is black*
> *So if you want me off your back*
> *Well come on and let me know*
> *Should I stay or should I go?*
>
> *Should I stay or should I go now?*
> *Should I stay or should I go now?*
> *If I go, there will be trouble*
> *If I stay, it will be double*

Es hätte ein Leben werden können. Wird es dann aber doch fast nie. Zu viele Wenn und Aber in der Welt. Und nun: gehen oder bleiben? In Krisen greifen Menschen gern auf bewährte Verhaltensmuster zurück, und so tun auch wir, als wir nicht mehr weiter wissen, was wir schon immer gut konnten: Wir verreisen.

Zuerst ich mit einem guten Freund, einfach mal weg, in

mich horchen, Kopf und Herz sortieren. Indochina, ohne ihn. Ironischerweise ist die größte Sorge des daheimgebliebenen Quasi-Ex, dass ich von dieser Reise schwanger nach Hause kommen könnte, da er weiß, dass mein Reisebegleiter, anders als er, sich ganz dringend Kinder und Familie wünscht. Er, der so große Probleme damit hat, sich festzulegen, fürchtet, ich könnte eine Festlegung erzwingen durch vollendete Tatsachen meinerseits.

So laut aber tickt meine Uhr denn doch noch nicht, dass ich mich Hals über Kopf mit dem Nächstbesten ins Abenteuer Kind gestürzt hätte. An meiner Grundüberzeugung hat sich, Alter hin oder her, nichts geändert: gerne ein Kind, aber nicht um jeden Preis.

Und dann verreisen wir gemeinsam. Ein zerrupftes Paar, das, warum auch immer, noch nicht aufgeben mag. Es ist eine zauberhafte Reise, schwebend, leicht, wie zwischen den Welten fühlen wir uns, während wir in Thailand von Insel zu Insel ziehen. Alles scheint möglich, selbst die Fortsetzung des Wir. Warum ist das Leben auf Reisen oft so viel einfacher als daheim? Das größte Hindernis, uns selbst, haben wir doch immer im Gepäck. Zusammen reisen aber, das können wir selbst unter den widrigsten Umständen.

Und so bleibt der Sprung wieder im Anlauf stecken, es gelingt mir (noch) nicht fortzugehen. Es ist das alte Spiel: Je weiter ich mich entferne, desto intensiver wirbt er um mich. Auf dem Höhepunkt einer unserer größten Krisen schenkt er mir zu Weihnachten plötzlich einen Ring, selbst entworfen, Gold mit einem Diamant- und Saphirsplitter. Damit die symbolhafte Geste nicht zu groß würde, hat er ihn in einem Überraschungsei versteckt, Pathos mit eingebauter Sollbruchstelle, ein bisschen ist unser Leben wie die Echternacher Springprozession: zwei Schritte vor, einen zurück. Oft aber auch einen Schritt vor und zwei oder drei Schritte zurück.

Auch mein Aufbruch nach Berlin bleibt ein halber. Der neue Job gefällt mir nicht, und da mein alter Chef beharrlich versucht, mich zurückzuholen, willige ich schließlich ein und kehre im Sommer 2001 nach Hamburg zurück. Wir nehmen unser Leben zu zweit wieder auf, unsere Gefährtenschaft geht weiter, unsere Karrieren auch. Nur die Beziehungsbiographie kommt nicht wirklich vom Fleck. Nach jeder überstandenen Trennung schwören wir uns, jetzt bringt uns nichts mehr auseinander. Aber vermutlich haben wir sie gar nicht überstanden, sondern nur ihren endgültigen Vollzug mehrfach verschoben.

Mit 34 werde ich von der Ressortleiterin zur stellvertretenden Chefredakteurin befördert. Leider wird das Blatt sechs Wochen später eingestellt. Der Kompass steht auf Neuorientierung, wieder mal. Ich gönne mir eine kurze Auszeit, dann fange ich bei einer großen Frauenzeitschrift an. Auch er hat inzwischen vom freien Dasein wieder in eine Festanstellung gewechselt. Beide mit gut dotierten Festverträgen, beide in derselben Stadt, wieder in einer Wohnung, nun könnten wir ihn doch wagen, den echten Neuanfang, indem wir unbekanntes Terrain betreten: Elternland.

Obwohl die Wunden längst nicht geheilt sind, hätte ich mich getraut; weil ich nach fast zehn Jahren das Gefühl habe, wenn wir nicht endlich den nächsten Schritt wagen, werden wir ewig Schleifen ziehen, weil wir als kinderloses Paar im Status der vagen Verbindlichkeit viel zu sehr um uns selber kreisen. Ich will raus aus dem Reset-Modus. Immerhin werde ich dieses Jahr 35, gehöre damit für die Statistik offiziell zu den Spätgebärenden – was selbst meine Frauenärztin dazu bewegt, mich zum ersten Mal direkt zu fragen, ob ich eigentlich Kinder möchte. Denn dann würde es »allmählich Zeit«.

Eine Botschaft, die ich eigentlich gleich weitergeben müsste, schließlich betrifft sie nicht nur mich. Auch wenn sie nur generell gemeint ist und nicht auf irgendeinem spezifischen Befund beruht, sondern sich allein auf mein Alter bezieht, was wiederum bedeutet, dass sich der Mann in meinem Leben das auch selbst denken könnte, ohne die Ermahnung meiner Ärztin.

Der aber ist Anfang 2003 mit etwas ganz anderem beschäftigt, denn am Horizont zeichnet sich ein neuer Krieg ab: George W. Bush gegen Saddam Hussein. Operation Iraqi Freedom. Ein Krieg, von dem ich noch nicht ahne, wie sehr er mein Leben verändern wird. Weil nicht klar ist, wann genau es losgeht – oder ob es überhaupt losgeht –, hat sich eine internationale Schar von Journalisten im kurdisch kontrollierten Nordirak einquartiert, vor allem in Suleimania und Erbil. Auch der Mann, mit dem ich über das »es wird allmählich Zeit« reden müsste, ist dort, viele Wochen lang, und schreibt mit an der Chronik eines angekündigten Krieges.

Unser Alltag in dieser Zeit könnte unterschiedlicher kaum sein: Während er die Vorbereitungen für einen Angriffskrieg beobachtet und über die Vorbereitungen der Bevölkerung auf einen möglichen Giftgasangriff Saddam Husseins schreibt, sitze ich in Redaktionskonferenzen, in denen über die neue Frühjahrsmode und Spargelrezepte diskutiert wird. Als in der Nacht vom 19. auf den 20. März tatsächlich die ersten Bomben auf Bagdad fallen, ist er mit kurdischen Kämpfern im Norden unterwegs, in den nächsten Wochen schläft er manchmal in einem Schafstall und fährt, wenn es nicht anders vorangeht, auch auf einem Traktor mit. Telefonieren können wir nur über Satellitentelefon, zu astronomischen Preisen, das hält die Gespräche eher kurz. Ich werde derweil mit einem Dossier über die Liebe beauftragt. Parallele Universen, ohne jeden Berührungspunkt.

Vielleicht liegt es daran, vielleicht bin ich auch einfach neugierig oder habe das Gefühl, irgendetwas muss sich ändern, auf jeden Fall sage ich bei einem unserer kurzen Satellitengespräche: »Beim nächsten Mal komme ich mit.« Er lacht, und wir reden erst mal nicht weiter darüber, doch die Idee setzt sich fest, im Bauch, im Kopf, im Herzen. Er glaubt zunächst, ich hätte gescherzt, aber kaum ist er wieder in Hamburg, fangen wir tatsächlich an zu planen – ein gemeinsames Büro in Bagdad. Er überzeugt seine Redaktion, dass für die ersten Monate nach dem Krieg ein Korrespondent in Bagdad sinnvoll sei, ich kündige meine Stelle bei der Frauenzeitschrift und bereite mich auf ein Dasein als freie Journalistin vor.

Ach, mag jetzt manche Leserin denken, so groß kann der Kinderwunsch ja nicht gewesen sein, wenn ich mit 35 Jahren eine feste Stelle mit allen relevanten Sozialversicherungen und Ansprüchen kündige, um als freie Journalistin in ein Kriegsgebiet zu gehen. Eine, die freiwillig ihren Anspruch auf Mutterschutz und Elternzeit gegen Schreiben für Zeilengeld und ohne jede soziale Absicherung tauscht, kann entweder nicht rechnen oder will ohnehin keine Kinder.

Um ehrlich zu sein: Groß gerechnet habe ich tatsächlich nicht. Aber ich wusste: Einfach hier sitzen und warten, dass der richtige Moment kommt, funktioniert nicht. Der Mann in meinem Leben würde nicht eines Morgens aufwachen und plötzlich sagen: Liebste, jetzt bin ich bereit, lass uns eine Familie gründen. Ihn zu verlassen hatte ich bereits mehrfach erfolglos probiert. Also will ich raus aus meiner Komfortzone, möchte die gewohnten Verhältnisse und das eingespielte Miteinander gründlich auf den Kopf stellen. Und dann mal sehen, was kommt.

Und tatsächlich kommt als Erstes eine große Überraschung. Irgendwann mitten in den Vorbereitungen für die große Fahrt hält er inne und sagt, in einem Anflug von ich weiß nicht was: »Wenn wir Bagdad gemeinsam überstehen, überstehen wir alles – auch gemeinsame Kinder.«

Okay, er hat nicht gesagt: »Ich möchte ein Kind mit dir.« Er hat mir auch keinen Heiratsantrag gemacht. Aber er hat überhaupt zum ersten Mal von sich aus das Thema Kind angeschnitten, und dann auch noch in einem Satz mit dem Wörtchen »wir«. Über Babylon doch noch ins Babyland? Für einen Moment hätte ich fast daran geglaubt. Später, nachdem wir längst getrennt sind, wird er sagen, er sei sich so sicher gewesen, dass ich keine Kinder wollte und hätte mich deshalb nie danach gefragt. Was soll frau dazu sagen?

Zu dem Zeitpunkt ist es ohnehin längst egal. Tatsächlich aber ist, wie ich heute weiß, die Einschätzung des Kinderwunsches des Partners »ein für Verzerrung höchst anfälliger Faktor«, stellte der amerikanische Forscher Warren B. Miller fest, der sich schon in den achtziger Jahren intensiv mit den Mechanismen von Paarkommunikation beschäftigt hat. Unser Bild davon, was der andere will, setze sich »aus Projektion der eigenen Wünsche und der Perzeption der Wünsche des Partners zusammen«.[46]

Und dabei verschätzen sich offenbar viele Paare ganz gewaltig. Denn es sind keineswegs nur wir, die über so ein zentrales Thema wie Kinder nicht oder jedenfalls nicht ausreichend miteinander reden, vor allem dann, wenn die Vorlieben unklar oder unterschiedlich sind. Die Aushandlungsprozesse, die über das Ob und das Wann einer Schwangerschaft entscheiden, »können sich über Jahre hinziehen und sind somit nicht zuletzt als ein Umstand zu betrachten, der zum Aufschub des Kinder-Bekommens beitragen kann«.[47]

Wie viele Paare sich wohl wegen der Kinderfrage trennen? Weil sie will und er nicht. Oder umgekehrt. Oder weil beide nie den Mut hatten, sich offen und ehrlich darüber auszutauschen; weil sie da ist, die Frage, aber geleugnet oder ignoriert wird; weil man zwar jahrelang einfach immer weiterleben, wunderschöne Reisen unternehmen und tausend kleine magische Dinge des Alltags teilen kann und dabei meist vermutlich sogar halbwegs glücklich ist – und trotzdem irgendwann das Gefühl nicht los wird, all das ist nur ein angestrengter Tanz um eine immer leerer werdende Mitte. Jedenfalls dann, wenn nicht darüber geredet wird, wenn es keine gemeinsame, offen ausgesprochene Entscheidung ist.

Wir trennen uns nicht wegen der Kinderfrage. Jedenfalls nicht in erster Linie. Trotzdem wird Bagdad unser letztes Abenteuer zu zweit. Auch wenn wir uns erst ein Jahr nach der Rückkehr trennen. Vorher zeugen wir noch statt eines Babys ein gemeinsames Buch – das bringt wenigstens keine Scherereien um das Sorgerecht.

6

»ZURÜCK AUF NULL«

Ob es Zufall ist, dass wir genau neun Monate zusammen in Bagdad bleiben? Fast genau die Länge einer Schwangerschaft. Von September 2003 bis Mai 2004 leben wir am Tigris, reisen für unsere Reportagen kreuz und quer durchs Land und beobachten den Alltag im ungeheuerlichen neuen Irak. Es ist gefährlich, keine Frage, aber das Risiko scheint uns – zunächst – noch kalkulierbar.

Doch mit der Zeit schrumpft unser Bewegungsspielraum, irgendwann gehe ich nur noch mit Kopftuch aus dem Haus oder gar mit Abaja, dem schwarzen Ganzkörperschleier. Auch der Charakter der SMS, die wir uns schicken, ändert sich deutlich. Von ihm bekomme ich so romantische Botschaften wie »Fahr nicht über die Dschadiriyya-Brücke, da wird geschossen!« Und ich schreibe, nicht weniger romantisch, zurück: »Keine Sorge, komme eh nicht durch, hier stehen überall Panzer.«

Wann immer wir uns in unserem gemieteten Häuschen nicht mehr sicher fühlen, flüchten wir zu einer befreundeten irakischen Familie. Dort erleben wir zumindest ansatzweise eine Art Normalität, werden von der Mutter zuverlässig mit mehrgängigen Menüs bekocht, egal, wie sehr draußen in der Stadt der Bombenterror tobt. Familienanschluss im Krisengebiet, das lässt gleich alles weniger unheimlich erscheinen.

Und wir? Bringt uns die intensive Zeit einander näher? Eine Theorie der Liebe besagt ja, dass Paare, die aufregende (oder gefährliche) Dinge miteinander unternehmen, zufriedener sind – weil bedrohliche Situationen die Produktion von Adrenalin anregen, in der Wirkung dem Liebeshormon Dopamin eng verwandt.

Ich würde sagen, ja und nein. Ja, weil das gemeinsam Erlebte verbindet, weil wir so viel Zeit miteinander verbringen wie sonst nur im Urlaub; weil alle Störfeuer von daheim weit weg sind. Und sicher auch, weil gewaltig Adrenalin fließt.

Nein, weil der Alltag extrem anstrengend ist und wir unter dem ungewohnten Druck auf ungewohnte Weise aneinandergeraten. Zu Hause würde ich mich nicht groß beschweren über 30 Minuten Verspätung oder einen vergessenen Rückruf. Hier aber befürchte ich gleich das Schlimmste, wenn ich weit über die vereinbarte Zeit nichts von ihm höre, wenn er vergisst anzurufen oder sein Telefon aufzuladen. Da wir einen Übersetzer und ein Auto teilen, müssen wir zudem mehr logistische Absprachen treffen, als wir gewohnt sind, plötzlich sind die Terminkalender auf uns unbekannte Weise miteinander verzahnt. Ohne Rücksprache mit dem anderen spontan die eigenen Pläne umzuwerfen geht nicht. Fast so, als müssten wir uns absprechen, wer am Abend das Kind aus der Kita abholt. Nein auch, weil ihm ganz offensichtlich der Freiraum fehlt, den er zu Hause hat, die Zeiten allein, der Raum zum Rückzug. Natürlich sind dies keine idealen Testbedingungen, um zu prüfen, ob wir zur Familie taugen. Wir leben in einer Extremsituation, in die die meisten Paare miteinander niemals kommen. Aber auf eine Art zumindest verlangt das Miteinander in Bagdad mehr Verbindlichkeit, mehr Rücksicht aufeinander als unser Alltag in Hamburg.

Alles in allem geht das Abenteuer ohne große Brüche gut. Was sicher auch damit zusammenhängt, dass wir beide noch viel mehr arbeiten als zu normalen Zeiten. Es gibt so viel zu erzählen aus diesem Land, und kurz nach dem Sturz Saddams ist das Interesse an den Geschichten auch noch groß. Viel Zeit für Seelenforschung bleibt uns nicht, immer passiert irgendwo irgendwas, worüber wir berichten möchten, und so vergehen die Wochen und die Monate wie im Flug. Am Ende haben wir viel Zeit miteinander verbracht, uns aber nicht wirklich viel mit uns als Paar beschäftigt. Oder gar über eine Zukunft als Eltern, als Familie nachgedacht.

Im Mai 2004 rollen wir gemeinsam in unserem altersschwachen VW Passat von Bagdad über die Türkei und Italien zurück nach Hamburg. Unser letztes gemeinsames Jahr beginnt.

Wir kommen kurz vor meinem 36. Geburtstag an. Als wir uns kennenlernten, war ich 23. Wir sind immer noch ein kinderloses, unverheiratetes Paar. Und es sieht nicht so aus, als würde sich das in absehbarer Zeit aus irgendeinem Grund ändern. Man könnte sagen, wenn ich jetzt noch nicht kapiert habe, dass aus uns keine Familie wird, bin ich selber schuld. Viele meiner Freunde glauben inzwischen, ich wolle gar keine Kinder. »Sehe ich euch mit Kindern? Nein, ehrlich gesagt nicht«, sagte mir eine sehr gute Freundin, als ich sie einmal direkt danach fragte. »Vor allem deshalb, weil du selbst nicht viel davon sprichst.«

Was sollte ich auch sagen? Dass ich mich nicht traue, ihn zu fragen, ob er welche will oder nicht? Genauer: ob er welche mit *mir* will oder nicht. »Und ihr seid ja auch noch so jung«, sagte sie, »das drängt ja überhaupt nicht.« Das Argument zumindest gilt allmählich nicht mehr. Und dann fügte sie noch etwas sehr Wahres hinzu, was ich vielleicht oft insgeheim verdränge: »Den Gedanken an Kinder zuzulassen mit einem, dem schon eine Partnerschaft manchmal zu viel Verpflichtung, zu viel Enge zu sein scheint – das mutet man sich vielleicht einfach nicht zu.« Auf kuriose Weise sind wir in einer ähnlichen Situation: Auch sie hätte eigentlich gern Kinder, glaubt aber nicht, dass der Mann an ihrer Seite der Richtige dafür ist. Auch sie zweifelt nicht genug, um sich deshalb von ihm zu trennen. Warum wohl binden wir Frauen uns an Kerle, mit denen wir einen wichtigen Teil dessen, was wir uns vom Leben wünschen, nicht verwirklichen können?

Immer wieder sagen wir uns: »Ein Kind, klar, irgendwann, später.« Und lassen es auf sich beruhen, bis es irgendwann sehr, vielleicht zu spät ist. Warum drängen wir nicht mehr? Selbstschutz? Gar nicht erst wollen, was unmöglich erscheint? »Ich habe bei dir immer den Kinderwunsch gespürt«, meint eine andere Freundin. »Auch wenn du ihn nicht ausgesprochen oder weggelacht hast. Ich habe es dir nie ganz abgenommen und euch deshalb die Daumen gedrückt, dass er mal die Kurve bekommt. Aber er war nicht so weit.« Und wäre es – mit mir – vermutlich nie gewesen. Auch wenn es wehtut, sich das einzugestehen. Ich muss es aber auch gewusst haben, irgendwo tief in mir drin. Sonst hätte ich mehr Druck gemacht.

Der alte Vorbehalt: Ich will – und will doch nicht, weil ich spüre, es würde nicht gutgehen, wir als Eltern. Dieser Eindruck hat sich in Bagdad eher noch verstärkt. Auch wenn er vorher meinte, wenn wir das überstünden, könnten wir auch gemeinsame Kinder meistern. Da er dann aber nie wieder davon spricht, muss ich das wohl unter der Rubrik »spontaner, aber kurzlebiger Gefühlsausbruch im Lichte eines bevorstehenden Abenteuers« ablegen. Der Finger geht jedoch auch in meine Richtung: Auch ich habe das Thema nicht wieder angesprochen.

Verdammter Perfektionismus! Aus Angst, es nicht richtig zu machen, lassen viele Frauen meiner Generation das mit den Kindern lieber gleich ganz. »Der nebelhaft vorausgesehene Tag, an dem alles so perfekt sein würde, dass ein Kind selbstverständlich wäre, stellte sich nicht ein. Warum ist das so?«, wundert sich Swantje Karich in der *Frankfurter Allgemeinen Zeitung* – und gibt auch gleich die Antwort: In den achtziger Jahren wurden wir Mädchen an den Schulen besonders gefördert. Das Mantra, mit dem wir aufwuchsen: Entfalte dich selbst, finde heraus, wer du bist. »Und das hieß: Bilde dich, finde einen Job, der Wert hat und Werte schafft. Dann hast auch du einen Wert.« Andere Perspektiven seien ausgeblendet worden. Kam eine Kommilitonin mit Kind, schauten alle verwundert drein. Und die Generation der Frauen zwischen dreißig und vierzig »kämpft nun mit ihren erlernten Ansprüchen, ihrem Perfektionismus und mit Angst; denn die Welt sieht so aus: unsicher«.[48]

Für den 8. Familienbericht des Bundesfamilienministeriums haben Forscher versucht herauszufinden, was die größten Ängste von Paaren und damit die schwerwiegendsten Barrieren sind im Hinblick auf die Kinderfrage. In den Ergebnissen erkenne ich mich, erkenne ich uns sofort wieder. Männer, heißt es in dem Bericht, »fürchten am stärksten die notwendige Fokussierung auf das Kind, von der sie vermuten, dass sie einen Zwang zur Organisation und Regelmäßigkeit und damit den Verlust an persönlicher Spontaneität und Unbeschwertheit im Leben mit sich bringt«.[49] Das im

Bericht verwendete Zitat könnte vom Mann an meiner Seite stammen: »Man ist mit Verantwortung zugekleistert.«

Frauen dagegen »befürchten Jobnachteile und daraus resultierend einen Verlust an beruflicher Selbstverwirklichung und finanzieller Abhängigkeit. Auch die Angst davor, alleinerziehend zu enden, spielt eine große Rolle.«

Genau da stehen wir nach zwölf Jahren als Paar. Nach so viel gemeinsam zurückgelegtem Weg. Das entscheidende letzte Stück aber, damit aus dem Weg ein Lebensweg wird, schaffen wir nicht, egal wie weit wir reisen. Zusammen sind wir in 40 Länder gefahren, bis auf die andere Seite des Globus. Vielleicht hätten wir anstatt ins entlegene Tasmanien eine Forschungsreise ins Naheliegende, in unser Inneres antreten sollen.

Hätten wir dann früher entdeckt, dass wir bestimmte Fragen nicht stellten, weil wir wussten, dass eine ehrliche Antwort darauf unser Ende bedeutet hätte? Dass wir, egal wie oft wir auf Reset drücken, nicht aus der Schleife herauskommen, in der wir stecken? Wir subsummieren immer gern alles unter dem großen Wort »Liebe«. Aber Liebe allein genügt nicht. Damit zwei Menschen auf Dauer zusammen leben können, bedarf es mehr. Zu gern glauben wir, wenn die Liebe nur stark genug ist, wird sich alles andere schon finden. Aber das ist Blödsinn, so ticken wir nicht, wir Kopfmenschen schon gar nicht.

Fast den Richtigen an seiner Seite zu haben, das ist vielleicht schlimmer als komplett den Falschen. Denn den erkennt man schneller. Tröstlich immerhin, dass der Fehlgriff, wenn man es denn so nennen will, praktisch System hat. »Wir sind von der Natur aus nicht mit Instinkten ausgestattet worden, die uns den Weg zum perfekten, unkomplizierten Partner weisen können«, so die Journalistin Voß. Denn meistens verknallen wir uns »nicht gezielt und mit klarem Kopf in einen Mann, der dieselben Pläne hat wie wir. [...] Unsere Gefühle sind der Motor unseres Handelns. Und da beginnt auch das eigentliche Drama unserer Beziehungsopern.«[50]

In Wahrheit weiß ich, als wir aus dem Irak zurückkommen, dass wir niemals Kinder haben werden. Jedenfalls nicht gemeinsam. Ich gestehe es mir nur noch nicht offen ein, auch weil ich mit mir selbst noch nicht im Reinen bin, welche Konsequenzen ich daraus ziehen soll. Ich wäge noch ab: Kinderwunsch gegen die anderen Dinge, die ich am Leben mit ihm schätze. Die Angst, eines Tages zu bereuen, gegangen zu sein, gegen die Angst, zu bereuen, nicht längst fort zu sein. Würde ich mich ewig fragen, ob ich nicht doch mit ihm hätte glücklich werden können, wenn ich mich jetzt trenne?

Reue ist furchtbar. Was, wenn es mir wie einer Freundin von mir geht, die sich vor vier Jahren nach zehn Jahren von ihrem Freund getrennt hat und es bis heute bereut, während er längst neu liiert, ja sogar verheiratet ist und Kinder hat? Sie ist immer noch Single und denkt, sie hat damals zu früh und aus den falschen Gründen das Handtuch geworfen. Ich halte ihre Entscheidung noch immer für richtig, in meinen Augen haben sich die beiden als Paar vor allem in ihren negativen Eigenschaften bestärkt, und ich finde sie seit ihrer Trennung viel witziger und lockerer. Ihr aber hilft das wenig in ihrer Sorge, nicht mehr oder nicht rechtzeitig den Richtigen zu finden.

Eine andere Freundin hat sich mit 38 von ihrem jüngeren Freund getrennt, weil der noch keine Kinder wollte und sie Angst hatte, dass ihr die Zeit davonläuft. »Obwohl ich ihn noch geliebt habe. Aber was nützt mir das, wenn er sich weigert, dieses mir so wichtige Thema jetzt mit mir anzugehen?« Doch hat sie sich danach nicht mehr neu verliebt, es gab nur noch Affären, »nichts, auf dass ich hätte bauen können«. Von einer der Affären wurde sie sogar schwanger – und da sie längst beschlossen hatte, nicht mehr auf den Traumprinzen zu warten, hätte sie das Kind auch gern bekommen. Doch die Schwangerschaft endete frühzeitig. Es folgen Jahre, in denen sie wirklich alles versucht, schwanger zu werden, in deutschen Kinderwunschzentren, in Dänemark, bislang alles ohne Erfolg. Jetzt ist sie 44 und kurz davor, sich einzugestehen, dass es mit dem Kinderwunsch womöglich nichts mehr wird. »Eine grauenhafte Erkenntnis!«

Tatsächlich mag es für Frauen mit Kinderwunsch (und für Männer natürlich auch) der erfolgversprechendere Weg sein, in einer Beziehung auszuharren und daran zu arbeiten, anstatt immer wieder aufzugeben und von vorn anzufangen. Die Reset-Schleife jedenfalls ist kein besonders erfolgversprechender Weg zum Kind. Durch eine Neukombination der im Familiensurvey 2000 erhobenen Daten aus einer paarbezogenen Perspektive kommt der Soziologe Thomas Klein von der Universität Heidelberg zu einem Urteil, das uns alle aufhorchen lassen sollte: »Die zunehmende Kinderlosigkeit im Lebenslauf resultiert aus der erhöhten Instabilität von Partnerschaften«, beruht also [...] »auf ganz simplen Veränderungen bezüglich der Existenz und der Entwicklung von Partnerschaften.«[51]

Mit anderen Worten: Zentral für die Entscheidung, ob wir uns Kinder zutrauen oder nicht, ist die Frage, für wie stabil wir unsere Beziehung halten und wie viel wir bereit sind, in die existierende Beziehung zu investieren, anstatt immer wieder zu hoffen, beim nächsten Mann werde alles anders. Denn wie sich die inzwischen verstorbene Münchner Journalistin Sabine Magerl an ihrem 37. Geburtstag fragte: »Glauben wir wirklich noch daran, dass wir zwischen zwei Weingläsern den Traummann finden? Oder die neue Telefonnummer, in eine Zigarettenschachtel gekritzelt, nicht verlieren – bis wir uns schließlich zum hundertsten Mal fragen, ob der erste Freund nicht vielleicht schon der richtige war.«[52]

Aber wie lange ist zu lange? Und was, wenn weder der jetzige noch der nächste Mann der richtige ist? Weil sie einfach nicht wollen, sich nicht entscheiden können; nicht entscheiden müssen, weil ihre Uhren erst deutlich später ticken als unsere. Und während wir darauf warten, dass sie sich entscheiden, suchen wir unser Glück erst einmal woanders. An eine andere Freundin schreibe ich damals: »Vielleicht sind wir ja auch die Generation Frauen, die die Erfüllung eher in der Arbeit suchen, weil wir da wissen, dass wir uns wenigstens auf uns selbst verlassen können und nicht auf die Glücksbringer vom anderen Geschlecht warten müssen.«

Die Rolle, die unsere Partnerwahl für die Kinderfrage spielt, kann kaum überschätzt werden. »Wer sich für einen Partner entscheidet, entscheidet sich auch für eine bestimmte Selbstentwicklung. Denn mit jedem Menschen würde jeder etwas anderes erleben. Und das gilt vielleicht noch stärker in der Kinderfrage, wo ein Nein zum Kind so viel Gewicht hat. […] Ein Nein bleibt fast immer ein Nein. […] Wer das Thema verdrängt oder zu lange auf einen günstigen Moment wartet, weiß meistens selbst, dass sich hinter dieser Taktik die Angst vor der Wahrheit und vor dem wahren Zustand der Beziehung verbirgt.«[53]

In Hamburg teilen wir nach wie vor eine Wohnung, trotzdem habe ich das Gefühl, wir leben jeder auf unserem eigenen Planeten. Die Überzeugung wächst: Es wäre an der

Zeit, das Langzeitexperiment abzubrechen. Doch nicht zuletzt ist der Mensch ja auch ein Gewohnheitstier. Und wir haben es schon in wirklich großen Krisen nicht geschafft, uns zu trennen. Nun einfach so im Morgengrauen mein Bündel zu schnüren und aufzubrechen – klar, wäre gut. Geht aber nicht. Jedenfalls nicht gleich, in einem Rutsch.

Und doch gehe ich – zurück in den (Nord-)Irak, diesmal allein, dafür mit einer festen Stelle, als Dozentin für eine britische Hilfsorganisation, die Journalisten ausbildet. Ich plane, drei, maximal sechs Monate zu bleiben. Tatsächlich werden es drei Jahre. Auch wenn ich mir in Sachen Baby eigentlich keinen Aufschub mehr leisten kann, versetze ich mich mit meiner erneuten Abreise in eine Art Schwebezustand. Eine Zeitkapsel im kurdischen Nordirak nimmt mich vorübergehend auf und schirmt mich ab gegen alle Belange, alle Fragen von daheim, auf die ich im Moment keine Antwort habe. Wie will ich in Zukunft leben? Wo werde ich arbeiten? Was wird aus meinem Wunsch nach Kindern und Familie? Es ist Zeit für mich, ein paar grundsätzliche Dinge zu klären. Er bleibt zu Hause, denn er ist Teil der Fragen.

Dass wir vor meiner Abreise kein Wort darüber verlieren, was es für uns als Paar bedeuten mag, dass ich drei Monate, vielleicht sogar sechs ins Ausland gehe, sagt vermutlich schon alles. Und dann kommt zumindest die eine, die große Antwort wie von selbst. 40 Tage nach meiner Rückkehr in den Irak kann ich den Mann daheim telefonisch nicht mehr erreichen. Einen Tag nicht, zwei, drei, fast eine Woche vergeht, und als ich ihn endlich an der Strippe habe, gesteht er, er sei meinen Anrufen ausgewichen – weil er nicht wisse, wie er sagen soll, was zu sagen ist: Er hat sich verliebt. Es gibt eine andere.

Natürlich tut das weh. Alles andere wäre gelogen. Aber –

und dieses Aber ist wirklich durch und durch aufrichtig: Es ist auch eine riesengroße Erleichterung. Es ist vorbei, all das Ringen um die Wahrheit, ob ich die Richtige bin für ein ganzes Leben oder eben doch nur Lebensabschnittspartnerin. Denn ich weiß sofort: Diesmal wird es anders sein. Im dritten Anlauf schaffen wir die Trennung, da bin ich mir ganz sicher. Auch, weil ich in meiner Zeitkapsel weit weg bin und mich neu sortieren kann, ohne ständig auf Spuren meines alten Lebens zu stoßen. Nie wieder Reset.

Nun also bin ich allein, ein echter Single. Auf einmal ist mein Leben offen, vor mir lauter leere Seiten in einem ungeschriebenen Buch. Ein neues Gefühl und gar nicht mal so schlecht. Ich genieße es, unter Menschen zu sein, für die mein Vorleben nur ein vager Schimmer ist. Keine Erinnerung an alte Zeiten und daher auch keine Fragen wie »Und was wird jetzt, wo alles anders ist?«. Natürlich ist das auch ein Verdrängungsmechanismus. Doch um über den ersten Schmerz hinwegzukommen, hilft die Distanz sehr.

Was war, war gut und wichtig. Ich werde nicht ein Drittel meines Lebens bereuen oder als Fehler verbuchen. So vieles war schön, bereichernd, maßgeschneidert für mich und meine Wünsche ans Leben. Aber nun ist unser gemeinsamer Weg zu Ende, und das ist auch gut so. Vor allem ist er vielleicht noch gerade rechtzeitig zu Ende. Rechtzeitig, um wenigstens noch eine späte Mutter zu werden und nicht kinderlos zu bleiben.

Der Groll setzt erst ein wenig später ein. Auch darüber, dass die Neue sieben Jahre jünger ist als ich und er sich so in Sachen Kindern in meinen Augen den für Männer seines Alters so typischen Extra-Aufschub geschaffen hat. Auch wenn das sicher nicht das ausschlaggebende Kriterium war – in meinen dunklen Momenten bin ich überzeugt, er hat die fast 37-Jährige gegen eine gerade 30-Jährige getauscht und damit auf dem denkbar einfachsten Weg die Kinderfrage für sich bequem vertagt. Es ist nie schön, wenn die andere auch noch jünger ist.

Es gibt Gefühle, die gesteht frau nicht einmal sich selbst gern ein. Und doch schreibe ich irgendwann in der Zeit nach der Trennung an einen gemeinsamen Freund: »Mir wird nur schlecht bei dem Gedanken, dass er jetzt vielleicht Kinder bekommen und heiraten könnte, worüber er mit mir nie so recht reden wollte.« Gebärneid? Die meisten Frauen wissen nur zu gut, dass längst nicht alle Gefühle, die im Zusammenhang mit Babys und Kinderwunsch aufkommen, nobel sind.

Vielleicht dämmerte mir in jenem Moment, dass ich nun tatsächlich eine von den Frauen bin, über die wir gern in romantischen Komödien lachen, weil wir wissen, da gibt es immer ein Happy End; die wir aber niemals selbst sein wollten, weil das Leben leider ohne Hollywood-Garantie kommt: Frauen, die kurz vor Abschluss der fertilen Phase stehen, wie es bei den Experten heißt, und plötzlich ohne Partner sind. Diese Gruppe macht etwa die Hälfte der kinderlosen Frauen aus. Kann ich trotzdem noch hoffen? Vater verzweifelt gesucht … Unter keinen Umständen möchte ich als personifizierte Torschlusspanik durch die Welt gehen und jeden Mann sofort auf seine Eignung als potenziellen Vater scannen. Jetzt bloß nicht klammern und krampfen, Gelassenheit ist das Gebot der Stunde.

Doch das sagt sich so leicht. Noch ein paar Mal Monate, gar Jahre zu vertrödeln, um dann festzustellen, dass der Kerl wieder ein Kinder-Verhinderer, ein Bindungsunwilliger ist, die Zeit habe ich nicht mehr. Der einzig würdevolle Weg scheint mir, einfach mein Leben zu leben und abzuwarten, was kommt. Wenn es klappt, dann klappt es. Wenn nicht, dann werde ich eben auf anderem Weg glücklich. Zumindest vornehmen kann frau sich das ja mal. Auf keinen Fall, beschließe ich, darf der Kinderwunsch nun zur alles bestimmenden Kraft in meinem Leben werden. In meinem Freundeskreis gibt es genügend kinderlose Paare und Frauen, die alles andere als unglücklich auf mich wirken. Wenn das Schicksal es so für mich will, werde ich das auch überleben. Und mehr als bloß das.

Interessanterweise schreibt der Freund zurück: »Hättest du denn gern mit ihm Kinder gehabt? Ich dachte immer, ihr wärt ganz zufrieden ohne Kinder, könnt reisen und euren Beruf ausleben.« Die Bonsai-Legende hat ihre Wirkung also nicht verfehlt.

Zum Glück verflüchtigt sich der Anflug von präventivem Neid bald wieder. Dass unsere Söhne, seiner und meiner, dereinst mit nur drei Monaten Abstand geboren würden, ahnte ich damals natürlich nicht, hätte es vermutlich auch als absurd abgetan. Erst einmal bin ich mit anderen Dingen beschäftigt. Kurz nach der Trennung wird mir von meinem Boss die Leitung unseres Irak-Programms angeboten: Aufstieg von der Trainerin zur Landeschefin mit Verantwortung für ein Team von 20 Mitarbeitern. Ich nehme an. Warum soll ich mich nicht durch Arbeit ablenken? Wenn schon (noch) kein Kind, dann wenigstens Karriere. Zu Hause wartet niemand auf mich und – noch wichtiger – die Arbeit vor Ort ist erfüllend. Es ist schön, Menschen etwas beizubringen, von dem sie profitieren – und nicht nur sie selbst, sondern hoffentlich auch ihr Land. Damit im Irak eines Tages Demokratie wirklich funktioniert, ist der Aufbau einer freien Presse unerlässlich. Außerdem gibt mir die Arbeit Gelegenheit, mich einmal systematisch mit meinem Beruf auseinanderzusetzen. Journalismus zu unterrichten ist etwas ganz anderes als ihn zu praktizieren.

Dadurch ist natürlich das Ziel Baby erst einmal in unerreichbare Ferne gerückt. Zumindest auf den ersten Blick. Ich stehe kurz vor meinem 37. Geburtstag. Wie lange darf ich noch an das »Morgen, Kinder, wird's euch geben« glauben, jetzt, da ich wieder Single bin? Noch dazu lebe ich als Ausländerin in einer extrem konservativen und geschlossenen Gesellschaft in einer Wohngemeinschaft mit vier ebenfalls kinderlosen Frauen. Wo soll ich hier einen neuen Mann finden?

Das Leben ist voller Überraschungen. Der Mann, der zum – wichtigen – Zwischenmann wird, kommt quasi per Telefonanruf ins Haus, knapp vier Monate nach der Trennung. Ein deutscher Kunstprofessor, er hat meine Nummer von einer gemeinsamen Bekannten, weilt für ein Gastseminar ein paar Tage in Suleimania. Er lädt mich ein zu einem Vortrag mit anschließendem Abendessen mit kurdischen Künstlern. Eigentlich habe ich keine Lust auszugehen, gebe mir dann aber doch einen Ruck. So viele Kulturevents gibt es in Suleimania nicht, da muss man zugreifen, wenn sich eine Abwechslung bietet.

Der Professor zeigt Kunstvideos, die mich an Szenen aus dem Thriller »Fargo« erinnern; eine Figur läuft durch endlose weiße Landschaft, tatsächlich sehe ich aber wohl keinen Schnee, sondern eine Salzwüste. Geht es um Perspektiven? Sinnestäuschung? Raum und Weite? Ich habe den Anfang der Vorlesung verpasst, finde nicht mehr ins Thema hinein und spiele gerade mit dem Gedanken, mich abzusetzen, da beginnt der allgemeine Aufbruch. »Sie sind Frau Fischer, nicht wahr? Wie nett, Sie zu sehen«, begrüßt mich der Professor herzlich. »Sie kommen doch mit zum Essen?« Er verteilt uns auf verschiedene Autos. »Fahren Sie am besten mit diesem Herrn. Darf ich Sie vorstellen? Ein sehr talentierter kurdischer Designer, erst vor kurzem aus Dänemark zurückgekehrt.«

Er schiebt mich einem in helles Leinen gekleideten Mann mit schulterlangem schwarzen Haar entgegen, der überhaupt nicht aussieht wie ein Kurde: groß, schlank, kein Bart, sehr elegant, sieh mal an, so was gibt es hier also auch. Obwohl ich in Kurdistan ständig und überall fast nur Männer sehe, habe ich bislang nicht einen einzigen als Mann wahrgenommen. Das hat sich soeben geändert.

Im Restaurant erzählt er, er komme aus Khanakin. »Aus derselben Stadt wie er« – er deutet ans andere Ende des Tisches, wo der Gastgeber des Abends sitzt, ein hohes Tier aus der örtlichen Partei. »Wir kennen uns noch aus meiner Zeit als Freiheitskämpfer. Aber wir haben uns seit über 20 Jahren nicht gesehen, nicht mehr, seit ich in den Iran geflohen bin.«

Was für ein Gesprächsauftakt. Mit zwei Sätzen schlägt er ein ganzes Geschichtsbuch auf. Khanakin. Jene Stadt im Süden Kurdistans, die immer zwischen allen Fronten lag: sieben Kilometer von der iranischen Grenze entfernt, außerdem Schnittstelle zwischen dem kurdischen und dem arabischen Irak. Bis April 2003 unter der Knute Saddams, die Stadt gehörte nicht zum privilegierten kurdischen Autonomiegebiet. Freiheitskämpfer. Er war also früher Peschmerga? Wo und wie lange? In welcher Funktion? Ich kann mir den eleganten Mann mit dem sanften Gesicht nur schwer in Kampfmontur vorstellen, in Pluderhosen und mit Kalaschnikow über der Schulter, beim Marsch durch die kurdischen Berge oder beim Angriff auf eine Einheit der irakischen Armee. Iran. Warum ist er geflohen, und wohin führte von dort sein Weg? In den Irak ist er, das hat der Professor vorhin kurz erwähnt, gerade erst zurückgekehrt. Woher? Dänemark? Wie ist er vom Iran nach Dänemark gekommen, und wie hat sich der Freiheitskämpfer zum Designer gewandelt?

Zwei Fremde, von einer Laune des Lebens in Suleimania zusammengeführt. Für ihn grenzt die Begegnung mit mir ans Absurde: »Ich bin zurückgekommen, weil ich vor Europa geflüchtet bin, ich hielt es dort nicht mehr aus – und wen treffe ich hier? Eine Europäerin«, sagt er, als wir uns ein paar Tage später zum Abendessen zu zweit wiedertreffen.

Mit 37 und 44 Jahren verabreden der neue Mann und ich uns zwei Monate lang wie Backfische. Zum Teetrinken, zum Spaziergang im Park, manchmal sitzen wir Stunden in meinem Zimmer und reden, oder wir fahren in seinem Auto umher und hören Musik. Sehr kurdisch-keusch. Es sind ja auch fast immerzu Leute um uns herum. Er wohnt bei einem Onkel, ich in einer WG mit meinen Kolleginnen und mit Wächtern vor der Tür, die jeden Besucher mit Uhrzeit registrieren.

Die ersten Male kommt er offiziell als mein neuer Arabischlehrer vorbei. Doch spätestens nachdem wir uns zu einem gemeinsamen Wochenende in ein Bergdorf am See verabschieden, ist allen klar: Wir sind ein Paar – was unser Leben nicht unbedingt leichter macht. Oft kommt die Frage »Ist das deine Frau?« schneller, als er mich Freunden oder Verwandten vorstellen kann. Auf sein »Nein« folgt dann meist eine Geste des Bedauerns, eskortiert von einer Ermunterung, einem nonverbalen »Das wird sicher noch!«. In Kurdistan geht es zwischen Mann und Frau eben immer gleich ums Ganze, Speed-Dating mal anders. Und erst recht, wenn der Mann 44 Jahre alt und noch unverheiratet ist, in kurdischen Augen keine Lebensentscheidung, sondern eine Tragödie.

Die Umstände sind also vom ersten Augenblick an ganz andere, als ich sie aus Deutschland kannte. Nach so kurzer Zeit wäre in Hamburg oder Berlin kein Mensch auf die Idee gekommen, uns nach Heiratsplänen zu fragen. Und hätten wir selbst solche geäußert, hätten Freunde und Familie mich skeptisch beiseite genommen und insistiert: »Willst du dir das nicht noch einmal überlegen?«

Es ist kurios: In Deutschland überlegen Frauen in meinem Alter verzweifelt, wie sie das Thema Kinder und feste Bindung ansprechen können, ohne den neuen Kerl gleich in die Flucht zu schlagen. Warten und damit womöglich wertvolle Zeit an noch einen Zauderer verschwenden? Oder gleich in die Vollen gehen und damit riskieren, dass er sich überrumpelt fühlt und Panik wittert? Hier werden wir, gerade mal einen Monat zusammen, von allen Seiten offen auf die Tabuthemen angesprochen. Mann trifft Frau, sie heiraten und bekommen Kinder. So ist das in diesem Teil der Welt. Eine Alternative dazu gibt es nicht. In unserem Alter schon gar nicht. Warum also groß um den heißen Brei herum reden?

So sehr mich das zunächst irritiert und ich, schon aus Prinzip, das Recht auf andere Lebensmodelle und Wahlfreiheit verteidige, so sehr stelle ich nach einer Weile fest, dass die Selbstverständlichkeit von Familie auch etwas Entlastendes hat. Zumindest dann, wenn frau selbst gerade intensiv über Familie nachdenkt. Nach zwölf Jahren mit einem Mann an meiner Seite, der lieber über Bonsais scherzte, als aufrichtig über Kinder zu sprechen, staune ich, mit welcher Leichtigkeit dem Neuen das Thema über die Lippen kommt.

Er spricht oft von Kindern. Er meint, sie würden ihm

vielleicht endlich ein Gefühl von Heimat geben und den Eindruck vermitteln, irgendwo angekommen zu sein. Doch habe er bislang immer das Gefühl gehabt, so wie er lebt, ginge das nicht. Eine wichtige Rolle dabei spielt wohl das Leben im Exil: Kinder mit einer Frau in Dänemark oder sonst irgendwo in Europa zu haben, die ihm dann vielleicht nicht erlaubt, mit ihnen seine Familie im Irak zu besuchen, aus Angst, dort könne ihnen etwas passieren – das kann er sich nicht vorstellen. Da ich im Irak lebe, das Land kenne, hat er – zum ersten Mal – diese Sorge nicht. Und seit er wieder in Kurdistan lebt, wird seine Sehnsucht nach Kindern immer stärker; was natürlich auch mit der Umgebung zusammenhängt, wo Familie eben das dominierende Lebensmodell ist. Und mit dem Druck, den seine eigene Familie macht. Keine Kinder zu haben ist hier, als hätte man gar nicht gelebt. Dass einen diese Absolutheit nicht unberührt lässt, beobachte ich ja an mir selbst.

Auch hier: das Gegenteil dessen, was ich in den zwölf Jahren davor erlebt habe. Weder seine noch meine Familie hat sich jemals in das Thema Familienplanung eingemischt. Wie wir leben wollten, war allein unsere Entscheidung. Kein Druck, keine Erwartungshaltung, man ließ uns völlig allein im Meer der Optionen. Was einerseits schön ist, aber es auch nicht nur leichter macht, weil jeder Entscheidung so unendlich viele andere mögliche Entscheidungen gegenüberstehen und alle weitgehend akzeptiert sind, es kein Richtig und kein Falsch gibt, wir aber trotzdem nicht wissen, ob sich nicht eines Tages trotzdem diese oder jene Entscheidung einfach falsch anfühlen wird.

So oder so: Nach zwölf Jahren mit einem Mann, der über das Thema Kinder in etwa so gerne redete wie über Pflegeversicherung, ist der offene bis offensive Umgang des neuen

Mannes für mich eine ungewohnte Erfahrung. Sie zwingt mich, ernster und konkreter über die Frage nachzudenken als je zuvor. »Unsere Kinder werden reich sein«, sagt er einmal völlig aus dem Blauen heraus, »reich an Ideen« – und zwar gerade mal ein paar Wochen, nachdem wir überhaupt zum ersten Mal miteinander geschlafen haben.

Kein »Ich weiß noch nicht« oder »irgendwann einmal«, keine Angst davor, mit Verantwortung »zugekleistert« zu werden oder die Unbeschwertheit des Lebens einzubüßen. So schnell einen Mann so ernsthaft über das Thema Kind reden zu hören, das hätte mir vor kurzem noch Angst gemacht. Wohin sind all die Zweifel, die mich in meiner langjährigen Beziehung davor zurückschrecken ließen, die Frage offensiver anzugehen? Nun ertappe ich mich bei dem Gedanken: jetzt ein Kind, das könnte sehr schön sein. Vielleicht gar nicht erst lange warten, bis die ersten Bedenken kommen, sondern den Rausch der Verliebtheit ausnutzen. Romantik schlägt Rationalität. Liegt das nur daran, dass er so offen darüber redet und damit auch meine Ängste bröckeln?

Ich kenne mich kaum wieder. In einer noch taufrischen Beziehung erlaube ich mir Tagträume, wie der neue Mann wohl als Vater wäre. Bin das noch ich? Das muss an dem doppelten Hormonhoch liegen: laut tickende biologische Uhr plus rauschhafte Verliebtheit gleich intensiver Paarungswunsch. Ein Kind, jetzt, sofort. Warum nicht? Vielleicht ist es meine letzte Chance. An eine Freundin daheim schreibe ich: »Komme mir immer noch ein bisschen komisch vor, wenn ich darüber nachdenke oder rede, aber inzwischen bin ich fast so weit zu sagen: Ja, ich will!«

Will ich wirklich? Oder sind es von mir nicht kontrollierbare chemische Vorgänge in meinem Körper, die mir den dringenden Kinderwunsch vorgaukeln? Was davon ist eine Reaktion auf meine momentane Außenwelt? Was dem Gefühl geschuldet, ich habe nicht mehr viel Zeit? Die Psychologie des generativen Verhaltens ist unergründlich. Will ich, die sonst so Wohlbesonnene, mich wirklich Hals über Kopf in das Abenteuer »Kind zwischen zwei Kulturen« stürzen? Noch weiß ich nicht, wie viel Kurde in dem potenziellen Vater verblieben ist, wie viel Europa schon in ihm steckt. Wie kompatibel sind wir wirklich?

Mein die üblichen Zweifel beiseite schiebendes Sehnen macht mich misstrauisch. Woher kommen diese Gefühle? Was davon bin wirklich ich? Ist es mein echtes inneres Wollen oder doch nur die pure Torschlusspanik, die sich im Kleid der neuen Liebe tarnt und mir vorgaukelt, jetzt passe alles perfekt, und den Schluss nahelegt, jetzt oder nie? Lässt sich das überhaupt unterscheiden, echtes Wollen und Torschlusspanik? Fest steht: Für den Moment fühlt sich alles federleicht an. Ich freue mich, dass da plötzlich jemand ist, der gern Pläne schmiedet, dem das Wort Lebensplanung keinen Schauer über den Rücken jagt. Dass viele seiner Träume genau das sind – Träume – und auch immer bleiben werden, ahne ich zu dem Zeitpunkt nicht. Ich genieße es einfach, mit einem geliebten Menschen Zukunftswolle zu spinnen. Unbelastet von allem »Was wäre gewesen, wenn«-Ballast, von gegenseitigen Verletzungen und Vorwürfen, ausgesprochenen wie unausgesprochenen.

Heute kann ich von Glück sagen, dass ich mit dem Übergangsmann kein Torschlusspanikbaby bekam – auch wenn meine Hormone mir diese Lösung intensiv nahelegten.

Wir sind kein Paar mit Zukunft. Ein gutes Jahr schaffen wir, dann gestehen wir uns ein, dass unsere Liebe ein Rausch der Umstände war. Die Macht der Hormone lässt nach, das rationale Denken drängt wieder in den Vordergrund und damit auch das mir eigentlich eigene Abwägen: Soll ich es trotzdem darauf ankommen lassen? Auch als sich abzeichnet, dass wir kein Paar fürs Leben werden? Was, wenn ich beim erneuten Warten auf Mister Right womöglich die letzte Chance verpasse? Würde ich, wenn es nicht mehr klappt, für den Rest meines Lebens denken: »Besser mit dem falschen Mann als gar kein Kind?« Das klassische Dilemma. Die Uhr tickt natürlich nach wie vor, aber ohne den zusätzlichen Hormonschub der neuen Verliebtheit sehe ich auch die Faktoren, die gegen ein Kind mit diesem Mann sprechen, wieder ganz klar.

Habe ich mir das Kind schon mit dem Mann, den ich so gut kannte und der aus demselben Kulturkreis stammt wie ich, nicht zugetraut, gilt das jetzt umso mehr. Zwei Elternteile und ein Kind, das ist schon schwierig genug. Aber zwei Elternteile in zwei Ländern, oder, seine alte Heimat eingerechnet, sogar in drei, das stellte ich mir als den absoluten Albtraum vor. Zerrissen nicht nur zwischen den Gefühlen für Mama und Papa, sondern auch noch zwischen den Kulturen. Doppelter Verlust von Heimat, nein, das sind nicht die Umstände, unter denen ich ein Kind großziehen will.

Unsere Wege trennen sich. Er kann nicht mehr Fuß fassen in der alten Heimat und kehrt nach Dänemark zurück. Ich bleibe noch ein Jahr in Kurdistan, bevor ich, kurz vor meinem 40. Geburtstag, den Irak verlasse und nach Beirut im Libanon ziehe – in das Land, in dem dreieinhalb Jahre später mein Sohn geboren wird.

Brief einer Freundin

Liebe Susanne,
dass ich Dir damals von meiner Abtreibung erzählt habe, hat, wenn ich darüber nachdenke, einen Hintergrund – abgesehen davon, dass wir ein nettes Wiedersehen hatten und uns gut unterhielten: Ich konnte jemandem davon erzählen, die mir einerseits durch ein gemeinsames Stückchen Vergangenheit nah war, doch andererseits so fern, dass sie nicht in meinem Alltag verwurzelt war. Das machte es leichter, darüber zu reden, irgendwie.

Tatsächlich habe ich es außer Dir höchstens einer Handvoll Menschen erzählt: dem Beinahe-Vater, meiner damals besten Freundin, mit der ich viel gemeinsamen Alltag hatte, meiner »allerältesten« Freundin, die ich seit meinem zwölften Lebensjahr kenne, und meinem jetzigen Liebsten und Ehegatten.

Doch der Reihe nach: Ich war 43. Und Single, seitdem sieben Jahre zuvor die mit knapp fünf Jahren längste und verbindlichste meiner Beziehungen zu Ende gegangen war. Was danach kam, war ziemlich desillusionierend.

Zunächst ein »Ersatzmann«, der mir wohl in erster Linie helfen sollte, die alte Liebe zu überwinden. Als mir dies klar wurde, verließ ich ihn – das hatte er nicht verdient. Und ich auch nicht. Danach längere Phasen des entsagungsvollen Rundum-Single-Daseins. Auch das keine Lösung für »immer«. Mit dem erneuten Verlieben klappte es nicht, eine Ausnahme stellte ein verheirateter Mann dar, na super!

Was also blieb? Erotik und Sex gehen auch ohne Liebe, ein Kribbeln im Bauch kann dann schon mal ausreichen. Das hatte ich früher auch schon erlebt.

Tja, und dann passierte es: Ich hatte eine Affäre mit einem Kollegen, knappe zehn Jahre jünger als ich. Dass er es nicht war, die neue Liebe in meinem Leben, wusste ich. Und umgekehrt vermittelte er mir auch nicht den Eindruck, ich sei es für ihn. Also hinterließe ich auch keine verwundete Seele, wenn es vorbei wäre. Und er nicht bei mir.

Ich verhütete mit dem Diaphragma – wie zuvor lange Jahre schon, wenn ich aus verschiedenen Gründen nicht die Pille nahm. Schwanger war ich nie geworden, selbst in der Zeit, als mein Langzeitfreund und ich es mit der Verhütung nicht so genau nahmen.

Aber jetzt. Mit 43! Beziehungstechnisch »gescheitert«, so langsam konnte ich mich schon auf die Wechseljahre vorbereiten. Und von der Affäre mit dem Typen wusste keiner – außer der damals besten Freundin, die ihn nie gesehen hatte. Mir selbst kam diese Geschichte manchmal unwirklich vor.

Ich hatte mir nie dringend ein Kind gewünscht. Lange Zeit hätte es gar nicht »gepasst«, denn ich war ja auch in meinen Zwanzigern nie besonders lange liiert. Ein Kind allein aufzuziehen war für mich nie ein Thema. Der Mann, mit dem ich fünf Jahre liiert war, hätte gerne Kinder gehabt. Und wären wir zusammengeblieben, wer weiß?

Ich bereue es aber auch heute – mit 52 – nicht, kein Kind zu haben. Es hat sich in meinem Leben nicht ergeben. Wahrscheinlich wäre es schön, es wäre anders gekommen, aber so ist es auch gut.

Schwanger! Ich hatte einen Test gekauft im Drogeriemarkt. »Natürlich« hatte ich erwartet, er falle negativ aus. Aber meine Blutungen waren jetzt schon länger ausgeblieben. Allerdings war mein Zyklus auch oft deutlich länger als die durchschnittlichen 28 Tage.

Ich habe den Test abends gemacht, allein zu Hause. Ich war fassungslos, konnte das Ergebnis einfach nicht glauben. Ich habe meine Freundin angerufen, um es mich selbst aussprechen zu hören, denn anders hätte ich es nicht erfasst.

Am nächsten Morgen lief alles ganz automatisch ab: Anruf bei pro familia, Anruf beim Gynäkologen, sofortiger Termin bei ihm. Ich brauchte eine ärztliche Bestätigung der Schwangerschaft. Die erhielt ich am selben Tag – nebst einem Ultraschallbild mit aufgedrucktem errechneten Geburtstermin. Eine SMS an den Kollegen, er möge nach der Arbeit bei mir vorbeikommen. Ich selbst hatte mich an diesem Tag krank gemeldet – ich war es auch!

Als er nachmittags kam, war ich schon weiter: Ich wusste schon, was ich tun und wie ich vorgehen musste, um so schnell wie möglich die Schwangerschaft abzubrechen. Ihn irritierte das wahrscheinlich, aber ihm blieb ja auch nicht viel Zeit zwischen der unfrohen Botschaft und den weitergehenden Informationen.

Trotz aller »Entschlussfreudigkeit« schenkte ich mir nichts. Jeden Tag sinnierte ich stundenlang vor mich hin, sprach viel mit meiner Freundin; besorgte mir ein Buch mit Bildern und Erklärungen zu den verschiedenen Entwicklungsstadien des Embryos. Bei pro familia sagte man mir, ich könne es doch auch als vielleicht letzte Chance sehen, meinem Leben mit dem Kind als späte Mutter eine ganz neue Wendung zu geben.

Eine Woche nach dem Test trieb ich ab. Meine Freundin fuhr mich morgens zu der Praxis und holte mich nachmittags dort wieder ab. Später kam der Beinahe-Vater vorbei, mit einer Schachtel Pralinen und einem Strauß Blumen – ich dachte an ein unbeholfenes Geschenk, das manche Söhne ihrer Mutter zum Muttertag machen.

Wie sehr mein Vater sich gefreut hätte, Opa zu werden! Er war ein Dreivierteljahr zuvor gestorben, und ich dachte viel an ihn. Na, ob er sich wirklich gefreut hätte, wenn sein 43-jähriges alleinstehendes Nesthäkchen mit einem Kind angekommen wäre, vermag ich nicht zu sagen – das hätte er sich sicherlich auch anders vorgestellt.

In meinen Phantasien träumte ich später manchmal davon, er würde es »da oben« in Empfang nehmen – ich, die ich niemals an ein Jenseits glaubte und glaube!

Leider war ich nie besonders optimistisch und im positiven Sinne leicht-lebig. Nun, mit 43, dann fast 44, ein Kind großzuziehen, traute ich mir nicht zu. Wie sollte das gehen? Wovon hätte ich leben sollen? »Meinem Leben eine neue Wendung geben« – mit Hartz IV? Das Kind eines von mir ungeliebten Mannes? Ich stand schon nicht dazu, eine Affäre mit ihm gehabt zu haben, das war alles ganz heimlich, auch von seiner Seite aus.

Ich habe nicht darüber nachgedacht, ob ich es ihm oder dem Kind schuldig sei. Hier ging es um <u>mein</u> Leben. Ich bereue meine Entscheidung nicht. Doch manchmal, ganz selten nur, rechne ich nach, wie alt es jetzt wäre.

Ich wünsche Dir einen schönen Start ins nächste Jahr!

Alles Liebe,
F.

7

DAS MÄDCHEN IN BEIRUT

Blicke ich von meiner Dachterrasse nach links, sehe ich hinter der rosa blühenden Bougainvillea und dem weißen Hibiskus das, was früher die Grüne Linie hieß – die alte Grenze zwischen dem christlichen Ost- und dem muslimischen Westbeirut, als die Stadt noch im Bann eines bitteren Bürgerkriegs lag. Von hier oben aus kann ich zwischen den vielen Großbaustellen für Luxus-Apartmenttürme noch die eine oder andere von Granaten durchlöcherte Fassade alter Bürgerhäuser im Kolonialstil sehen. Nach dem Ende der Kämpfe zogen in den neunziger Jahren bald die ersten Klubs in die ausgebombten Häuser; billige Quartiere, die ihnen damals niemand streitig machte. Über die Jahre wurden sie teuer saniert, die Rue Monot am Rand des französisch geprägten Christenviertels Achrafieh stieg auf zum Star der Beiruter Nacht. Heute reiht sich an der ehemaligen Frontlinie ein Nachtklub an den anderen, ein Restaurant an das nächste. Zur rechten Seite meines kleinen Himmelgartens ragt weiß der Turm einer armenischen Kirche in die Höhe. Ein Stückchen links davon luken die vier Minarette einer riesigen Moschee hervor. Und am Horizont leuchtet blau das Meer.

Beirut! Nach fast fünf Jahren im Irak wird die libanesische Metropole mein neues Zuhause. Zum ersten Mal kam ich

1995 in den Libanon, als eine Art touristische Pionierin. Es war eine der vielen Reisen, die der Langzeit-Mann und ich als kinderloses Paar unternahmen. Große Teile des Zentrums von Beirut lagen damals noch in Schutt und Asche, ausländische Besucher verirrten sich kaum in die Stadt. Der Krieg war zwar seit vier Jahren vorbei, der Wiederaufbau aber ließ auf sich warten. Das, was heute Down Town heißt, existierte nur als Architektenmodell in einem Info-Zelt für mutige Investoren. Zwischen all den Ruinen, in denen ringsum auf halb zerschossenen Etagen Flüchtlingsfamilien hausten, mutete es wie ein Objekt aus einem anderen Universum an. Faszinierend fand ich die Stadt, ihren Trotz und ihren Überlebenswillen, schon damals.

Da war ich zarte 26. Dass ich 16 Jahre später hier meinen Sohn zur Welt bringen würde, habe ich damals natürlich nicht geahnt. Und hätte es auch nicht geglaubt, hätte es mir jemand vorhergesagt. (Auch wenn mein Mann und ich heute gern scherzen, wie viele Kinder wir wohl hätten, wenn wir uns damals schon begegnet wären, als wir beide Mitte zwanzig waren.) Ausgerechnet Beirut. Eine Stadt voller Widersprüche, »so überschwänglich im Leben wie im Untergang«, wie der libanesische Journalist Samir Kassir schrieb, kurz bevor er 2005 durch eine Autobombe ums Leben kam. Als ich im Juni 2008 herziehe, liegt der letzte Krieg (mit Israel) gerade erst zwei Jahre zurück, die letzten hausgemachten Kämpfe zwischen den verfeindeten politischen Parteien des Landes gar erst einen Monat. »Da kommst du ja vom Regen in die Traufe«, scherzen meine Freunde, als ich ihnen aufgeregt von meinem bevorstehenden Weggang aus Irak erzähle, weil ich genug hatte von Bomben und Terroranschlägen.

Doch schon im nächsten Sommer kürt CNN Beirut zur besten Partystadt der Welt, wählt die *New York Times* die

Stadt zum Muss-Reiseziel Nummer eins. Überschwänglich, im Leben wie im Untergang. Und da die Grenze zwischen beidem in der kriegsgewohnten Stadt schneller verwischen kann als der nächste Drink kommt, wird jede Nacht gefeiert, als gäbe es kein morgen. Aus der Disko im Untergeschoss des Hauses, in dem ich das Dachgeschoss bewohne, höre ich Nacht für Nacht eine raue Stimme, die zu schweren Technobeats brüllt: »Beirut never retreats! Beirut never surrenders!« – Beirut weicht nie zurück, Beirut gibt niemals auf.

Vielleicht ist es die Reibungsenergie, die beim Aufeinandertreffen von Gegensätzen entsteht, die die Stadt so stark macht. Beirut, das ist die Welt in einer Nussschale, ein Verwirrspiel für die Sinne, kein Vorurteil überlebt hier lange ungeprüft, weil die Wirklichkeit immer nur einen Straßenzug entfernt liegt. Oder wie es einst der libanesische Theaterregisseur Jalal Khoury ausdrückte: »Im Libanon kommen alle Gegensätze der Welt wie in einer Versuchsanordnung zusammen, Arm und Reich, Ost und West, Islam und Christentum. Schlimmstenfalls endet das Experiment im Massaker, bestenfalls können wir hier ein Modell des friedlichen Zusammenlebens entwickeln.«

Die Stadt der unendlichen Möglichkeiten also. Und genau das wird sie ja dann auch für mich. Beirut stellt mein Dasein auf den Kopf und öffnet mir Wege, von denen ich nach den Turbulenzen der vergangenen Jahre nicht sicher war, ob ich sie in diesem Leben noch beschreiten würde.

Ein echter Neubeginn. Ich kenne kaum jemanden in der Stadt. Und nach den Hamburger Jahren als Paar und den WG-Jahren im Irak lebe ich nun wieder allein. Kein Mann, kein Freund, keine Mitbewohner. Man könnte sagen: Zum ersten Mal seit langem bin ich ein echter Großstadt-Single. In Deutschland wäre ich damit eine von vielen in der Statistik. Frau Anfang 40, Akademikerin, ledig, allein lebend, keine Kinder. In Beirut bin ich eher die Ausnahme.

Natürlich gibt es auch hier Singles jeden Alters. Nur leben sie in der Regel nicht allein. Einfach so zu Hause auszuziehen, mit 18 vielleicht, oder zum Beginn des Studiums, das mag in Deutschland üblich sein, aber nicht im Libanon. Gewohnt wird bei Mami und Papi – bis zur Hochzeitsnacht. Selbst wenn die auf sich warten lässt. Vor allem die Söhne strecken dann oft noch mit Anfang 40 die Füße unter den Küchentisch und lassen sich bekochen und mit Frischwäsche versorgen. Kein Wunder, dass libanesische Mütter früh mit der Brautschau beginnen. Töchter müssen natürlich erst recht zeitig an den Mann gebracht werden, sonst wird das ja nichts mehr mit den Kindern – weshalb nicht nur die Mutter intensiv nach potenziellen Schwiegersöhnen sucht, sondern auch die Tante. Und die Großtante. Und die Cousine. Und die andere Cousine. Und die Nachbarin. Und die Freundin der Nachbarin. Und die Großmutter natürlich auch. Damit die Tochter bloß keine späte Mutter wird!

Gern treffen sich Mütter, Tanten und Nachbarinnen zur *Subhiyeh*, zum Kaffeeklatsch am Vormittag und drehen bei starkem Kaffee und Petersiliensalat jeden potenziellen Bräutigam verbal durch die Mangel. Seine Vorzüge (wohlhabend, gute Familie, die richtige, sprich dieselbe Religion), seine echten oder angeblichen Nachteile (War der nicht schon mal verlobt? Sein Geschäft geht wohl nicht mehr so gut. Der ältere Bruder sieht aber besser aus), alles wird erörtert. Und weil die Frauen es lieber genau wissen möchten, wird zur Vorsicht noch der Kaffeesatz des bitteren Mokkas zur Zukunft befragt.

Eine libanesische Mutter auf Brautschau ist wie ein

Raubtier auf der Jagd: Sie gibt nicht auf, bis sie die Beute fest im Griff hat. Mit ihren Töchtern sind sie dabei nicht zimperlich. »Mädchen, iss nicht so viel, kein Mann will eine dicke Frau«, gehört noch zu den freundlicheren Ermahnungen. Selbst vor subtiler Erpressung schrecken sie nicht zurück. Der Klassiker: »Ach, dass du immer noch nicht den Richtigen gefunden hast! Ich hätte doch so gern noch meine Enkelkinder gesehen, bevor ich sterbe.« Die Sorge der Mütter ist nicht ganz unberechtigt: Die Geburtenrate im Libanon ist mit 1,7 zwar höher als in Deutschland. In der arabischen Welt aber zählt sie zusammen mit der Tunesiens zu den niedrigsten.

Mit jedem Geburtstag, den sie als Ledige feiern, wächst der Druck auf die Töchter. Ebenfalls Standard im Repertoire besorgter Mütter: »In deinem Alter hatte ich zwei (drei, ganz viele) Kinder.« Meine Mutter hatte in meinem Alter vier, aber die mischt sich in meine Familienplanung zum Glück nicht ein.

Andere dafür umso eifriger. Taxifahrer, Kioskfrauen, Zufallsbegegnungen aller Art fühlen sich befugt, mich über mein Privatleben auszuhorchen und bedenken mich, wenn ich sage, dass ich ledig bin, sofort mit einem Stoßgebet. Möge der Herr dieses Unheil bald richten!

Wobei Taxifahrer die Schlimmsten sind. Keinen Meter kann ich fahren ohne Inquisition: Bist du verheiratet? Nein? *Ya harram*, was für eine Schande, das müssen wir schnell ändern, höchste Zeit, du wirst nicht jünger, ich hätte da noch einen Cousin … Ein paarmal versuche ich mit einer Notlüge zu entkommen und erfinde einen Ehemann auf Reisen. Doch das führt nur zu noch mehr Fragen: Wie viele Kinder? Keine? *Ya harram*, was für eine Schande, das müsst ihr aber schnell ändern … Als mir ein Taxifahrer, deutlich über 60, anbietet, seine Zweitfrau zu werden, kaufe ich mir ein Auto. Es reicht.

Ich bin nicht zum Heiraten hergekommen, sondern zum Arbeiten. Alles andere wird sich zeigen. Keine Torschlusspanik! Der Vorsatz, den ich vor drei Jahren nach der Trennung vom Langzeit-Mann gefasst habe, gilt nach wie vor. Ob es mir immer gelingen wird, ihm zu folgen, steht auf einem anderen Blatt. Kopf, Herz, Bauch, Seele – nicht immer folgen alle im Gleichschritt unseren Plänen und Wünschen.

Umso schöner, wenn von außen auch mal Zuspruch kommt und nicht nur Panikmache. Hocherfreut habe ich, ein paar Monate vor meinem Umzug nach Beirut, in der *Zeit* ein Plädoyer von Iris Radisch für »die Gebär-Bummelei und den Widerstand gegen den Turbo-Zeitgeist« gelesen. Wenn es um die Liebe geht, macht sie uns Trödlern in Sachen Fortpflanzung Mut, sei es nie zu spät, und preist die »Freiheit zur Gebär-Bummelei« als »immensen Zugewinn an weiblicher Autonomie«. Sie schreibt ausdrücklich: »Dieser Artikel möchte zur Entspannung beitragen.« Danke, Frau Radisch!

Besonders wir gut ausgebildeten Frauen hätten allen Grund, uns »dem Zeitgeist, der aufs Gaspedal drückt und nicht mehr locker lässt«, zu widersetzen. Balsam in meinen Ohren: »Es sind gerade erst ein paar Jahre vergangen in der jahrmillionenlangen Menschheitsgeschichte, in denen wir wählen, studieren, empfängnisverhüten und eigenes Geld verdienen dürfen. Diese Jahre haben unser Frauenleben zu dem besten seit Frauengedenken gemacht. Die Kehrseite solcher Freiheit sind zunehmende Kinderlosigkeit und immer spätere Mutterschaft. Nun diese Kehrseite zu beseitigen, indem man die Freiheit wieder einkassiert, ist Resignation oder Restauration, wahrscheinlich beides.«

Endlich eine öffentliche Stimme, die nicht mit erhobenem Zeigefinger auf die tickende Uhr zeigt, sondern Mut macht. »Kinder kann man auch später noch bekommen, auch wenn Gynäkologen und Arbeitgeber das nicht gerne sehen.«

Schön. Eine anerkannte Publizistin stellt in einer angesehenen Wochenzeitung für ein breites Publikum fest, dass Alter allein im 21. Jahrhundert nicht mehr das Kriterium sein kann für die Entscheidung von Frauen, wann sie Kinder bekommen – weil ein Frauenleben aus mehr besteht als aus Fortpflanzung, weil auch wir das Recht auf »interessante Irrwege« haben, auf die »Freiheit zum Trödeln, zum Abseitigen, zum scheinbar Sinnlosen« (Radisch). Bewegt sich da was an der ideologischen deutschen Babyfront?

Fern von Deutschland beschließe ich, nachdem ich meinen 40. Geburtstag mit einem rauschenden Fest in Berlin gefeiert habe, die Kinderfrage erst einmal sich selbst zu überlassen und das Leben zu nehmen, wie es kommt. Nein, ich möchte keine Trübsal blasen und nachts in meine Kissen weinen, weil ich mit 40 Single bin, keine Kinder habe und nicht weiß, ob ich noch welche bekomme. Es gibt viele Wege zum Glück – warum sich da mit Tunnelblick auf einen einzigen versteifen? Und haben nicht gerade erst zwei Freundinnen von mir im zarten Alter von 45 Jahren Zwillinge bekommen? Vier weitere Kinder später Mütter, die mir beweisen, dass noch alles möglich ist.

Zum Glück scheinen sich die Hormonkapriolen, die im Irak vorübergehend meinen Verstand außer Kraft gesetzt hatten, gelegt zu haben. Die kurze Liebe nach der großen Trennung blieb, was sie war – ein Zwischenspiel zur rechten Zeit. Wie ein schützender Mantel hat sie sich über alle Narben und Enttäuschungen der Vergangenheit gelegt und mich vor einer erneuten Reset-Runde bewahrt. Mein Herz ist geheilt und offen, falls doch noch der Richtige kommt. Für mich, für ein Leben zu zweit, und vielleicht sogar für eine Familie.

In Beirut setze ich meine Tätigkeit als Leiterin von Ausbildungsprogrammen für junge Journalisten fort, nun mit dem Schwerpunkt Syrien. Mit dem Taxi sind es nur zwei Stunden nach Damaskus. Und doch ist es jedes Mal eine Reise in eine andere Welt. Da ich unter allen Umständen vermeiden will, mit dem Regime des Diktators Bashar al-Assad zusammenzuarbeiten, muss ich behutsam vorgehen und schrittweise ein Netzwerk von vertrauenswürdigen jungen Aktivisten im Land aufbauen: Menschen, die für mehr Demokratie, Pressefreiheit und Menschenrechte kämpfen wollen – im Rahmen dessen, was in einem autoritären Staat mit umfassender Geheimdienstüberwachung und gnadenloser Verfolgung jeder von der Staatsdoktrin abweichenden Meinung möglich ist, lange bevor der Arabische Frühling beginnt.

Es ist ein regelrecht konspiratives Arbeiten, mit kodierten Telefongesprächen und sorgfältig geplanten Treffen an möglichst unverdächtigen Orten. Nach jeder Reise atme ich erleichtert auf, wenn ich mit dem Taxi die Grenze zum Libanon passiert habe. Ein Pendeln zwischen zwei Welten. In Beirut fange ich an, wieder abends auszugehen; ein Luxus, der im Irak, von einem gelegentlichen Dinner mit Freunden einmal abgesehen, kaum möglich war. Nach Jahren mit Wächtern vor der Tür, die mich vor Entführern und Terroristen schützen sollten, aber natürlich auch sonst jeden kritisch und vor allem neugierig beäugten, der bei mir ein und aus ging, fühle ich mich allein in meinem Beiruter Apartment fast wie ein Teenager, dessen Eltern auf Reisen sind. Niemand, der guckt, wann ich komme und gehe, ob ich allein bin oder in Begleitung. Dachte ich jedenfalls.

Bis mich der Parkwächter vom Parkplatz gegenüber zum ersten Mal anspricht. Und kurz darauf der Türsteher vom Pub im Erdgeschoss. Und dessen Kollege, der die teuren Autos der Nachtklubbesucher parkt, damit die Frauen in ihren High Heels nicht so weit laufen müssen. Aus lauter Freude über mein vermeintlich unbewachtes Dasein habe ich den Mikrokosmos vor meiner Tür gar nicht wahrgenommen. Offiziell haben diese Männer natürlich nichts mit mir zu tun. Eine alleinlebende Frau weckt aber offenbar Beschützerinstinkt – und Neugier. »Wenn du irgendetwas brauchst, sagt Bescheid«, bietet der freundliche Türsteher an, »*ya bint*«.

Hat der gerade wirklich »Mädchen« gesagt? Ich weiß nicht, ob ich empört sein oder mich geschmeichelt fühlen soll. Dass mir das auf meine alten Tage noch passiert! Im Arabischunterricht erklärt mir später meine Lehrerin: »Mit dem Alter hat die Unterscheidung zwischen *bint* – »Mädchen« und *mara* – »Frau« nur bedingt zu tun. Solange du nicht verheiratet bist, bleibst du, egal wie alt, ein Mädchen.« Sagt in Deutschland heute noch jemand »Fräulein«?

Im Libanon kann ich also Mädchen und alte Schachtel zugleich sein. Eigentlich zu alt zum Heiraten, aber, als Unverheiratete, trotzdem ein Mädchen. Selbst nach der Hochzeit bleibt die Frau, bis das erste Kind kommt, die *aruz*, die »Braut«. Sprachlich in der Gesellschaft angekommen ist frau also erst, wenn sie verheiratet ist und Kinder hat. Alle anderen führen ein Leben im Wartesaal.

Uns Unverheirateten darf man im Libanon sogar ungestraft auf die Füße treten. Mit Absicht! Wer ledig auf einer Hochzeit dem Brautpaar gratuliert, den soll – so ein alter

Brauch – ein sanfter Tritt der Frischvermählten mit Hochzeitsfieber infizieren. Ganz klar: Wer jenseits der 30 noch ledig ist, braucht Hilfe. Denn unverheiratet zu sein ist im Libanon keine Option, sondern eine Katastrophe.

Es gab mal eine Zeit, da wollte auch ich unbedingt heiraten. Genauer gesagt: Ich wollte, dass der Mann, mit dem ich lebte, mir einen Antrag macht. Warum? Weil ich das Gefühl hatte, es war an der Zeit? Weil ich ein Zeichen seiner Liebe wollte? Weil ich mich nach der – trügerischen – Sicherheit einer amtlich besiegelten Bindung sehnte? Vermutlich war es eine Mischung aus allem und noch viel mehr. Das Gefühl, wenn wir erst den Schritt in die Verbindlichkeit einer Ehe wagten, fiele uns auch die Entscheidung für ein Kind nicht mehr so schwer. Das Bedürfnis, in der Liebesbiographie den nächsten Schritt zu gehen, von fest zu festgelegt. Und damit wirklich erwachsen zu werden. Natürlich habe ich mich immer wieder gefragt, welche Rolle romantische Klischees dabei spielen und Erwartungen von außen. Die Meinung von Freunden. Und was von dem Wunsch wirklich meinem inneren Sehnen entspringt.

Doch von außen drängte mich niemand, es gab keinen Erwartungsdruck von meiner Familie, keinen gesellschaftlichen Zwang, nichts in meinem Leben, was ich nicht auch als Unverheiratete hätte tun oder lassen können. Selbst für die Kinderfrage spielt das Heiraten in Deutschland im Grunde keine Rolle. Trotzdem: Irgendwann wollte ich es einfach. Wie sagte so treffend der Psychologe Oskar Holzberg? »Das Problem mit der Heirat ist, dass es sie gibt.«

Am Ende war es egal, warum ich es gewollt hätte. Weil er nie gefragt hat. Und ich auch nicht.

All das kommt mir hier in Beirut, wo das Thema Heiraten so allgegenwärtig ist, wieder in Erinnerung. Entlang der Stadtautobahn lachen mich von haushohen Plakaten perfekt gestylte Schönheiten in Haute-Couture-Brautkleidern an, die mehr kosten als mein Auto. *All you have to do is say yes*, heißt es auf einem anderen Plakat. *We do the rest.* Werbung für ein Rundumpaket für die Hochzeit in Zypern – die nächstgelegene Möglichkeit für Libanesen, standesamtlich zu heiraten.

Ganz ohne Heiratsabsichten habe ich irgendwann mein erstes Beiruter Date. Oder wie auch immer man es nennen möchte, wenn ein 40-jähriger weiblicher Großstadt-Single mit einem drei Jahre älteren männlichen Großstadt-Single ausgeht. Im Lauf der nächsten Monate lerne ich einen Küchendesigner kennen, einen Rechtsanwalt und einen Importeur von Autoersatzteilen. Ohne es selbst darauf anzulegen, habe ich jedes Mal das Gefühl, dass es immer gleich ums Ganze geht, mithin um die Frage: Könnte das die Frau / der Mann fürs Leben sein?

Ob es am Alter liegt? Oder doch eher an den lokalen Gepflogenheiten? Auch weiß ich bei allen dreien nach dem ersten Dinner, wie sie zum Thema Kinder stehen. Einer will keine (der einzige Libanese, den ich je getroffen habe, der das so klar sagt), einer unbedingt, und der dritte hat eine Tochter aus erster Ehe, die allerdings in Skandinavien lebt.

Und was sage ich, was kann ich sagen als 40-jährige Frau zu der großen Lebensfrage, die keinen Aufschub mehr duldet? In Deutschland hätte ich mich bei so frischen Begegnungen monatelang nicht getraut, das Wort Kind in den Mund zu nehmen, um dem anderen bloß nicht zu schnell zu nahe treten. Nichts schlägt, wie wir ja inzwischen wissen, Männer in unseren Breitengraden schneller in die Flucht als eine Single-Frau jenseits der 35 mit Bindungs- und Kinderwunsch. Wir sind »der Prototyp dessen, was Männer verscheucht«.⁵⁴

Das ist, wie ich erfreut feststelle, hier anders. Keiner der Männer, mit denen ich ausgehe, rutscht unbehaglich auf dem Stuhl hin und her, wenn das Gespräch auf die K-Frage kommt. Meist bin nicht einmal ich es, die zuerst danach fragt. Und so gewöhne ich mich allmählich daran, offen zu meinen Wünschen und Sehnsüchten zu stehen. Mir selbst gegenüber, aber auch gegenüber meiner Umwelt. Ich möchte ein Kind, ich möchte eine Familie. Warum habe ich so eine Angst davor, dass mir jemand Torschlusspanik unterstellt? Es ist doch ganz einfach so: In Sachen Kinder heißt es irgendwann jetzt oder nie. Dann schließt sich diese Lebenstür, unwiderruflich. Andere mögen sich neu öffnen, aber diese spezielle ist dann zu. Und jetzt, mit 40, muss ich ehrlich mit mir sein: Die Zeiten des »später« sind vorbei. In einem Punkt aber bleibe ich mir trotzig treu: ein Kind nur dann, wenn der Richtige kommt. Vielleicht ist das mein Unbehagen mit der Torschlusspanik: Das Wort suggeriert von Angst getriebenes Handeln, allein unter dem Diktat der Zeit.

Das aber kann mein Weg nicht sein. Ich wünsche mir ein Kind, aber ich sehe darin nicht den einzig möglichen Weg zum Glück. Oder um es in den Worten der Schauspielerin Hannelore Elsner zu sagen, selbst eine späte Mutter, die ihre Tochter mit 40 Jahren bekam: »Und wenn ich kein Kind gekriegt hätte, hätte ich kein Kind gekriegt. Ich habe immer gesagt, es ist eine Gnade für kinderlose Frauen, dass sie nicht wissen, was sie versäumt haben.«⁵⁵

8

DER RICHTIGE

Und dann kommt er doch noch – der Mann, bei dem alles ganz schnell geht. Der Richtige. Im richtigen Augenblick. Hollywood in Beirut. Alles passt. Zehn Monate nach unserer ersten Begegnung stehen wir vor dem Standesbeamten in meinem kleinen Heimatdorf und sagen »Ja, ich will.«

Mein Mann. Meine Frau.

Es mag spießig klingen, aber mit 41 gefällt es mir, nicht mehr »mein Freund« zu sagen. »Mein Mann«, das klingt für mich nach Anker, Zuhause, Geborgenheit. Nicht zu verwechseln mit einem Versorger, den habe ich nie gebraucht, nie gewollt. Eine Heimat schon. Nach Jahren des Wanderns durch die Welt genau das Richtige für mich.

Dabei lässt sich unsere Romanze eher langsam an. Den Auftakt macht ein charmanter Abend im »Ahwet El-Ezez«, einem traditionellen Beiruter Musiklokal, wo er mir hingebungsvoll die von der Live-Band dargebotenen Klassiker des arabischen Liedguts übersetzt. Rein zufällig alles berühmte Liebeslieder. Was für ein lyrischer Beginn: Der Mond, die Nacht, das Herz, die Sehnsucht, deine Augen, meine Blicke, meine Träume, dein Begehren – nach dem martialischen Vokabular meiner Zeit im Irak, wo es vor allem um Terroristen, Autobomben und Besatzungstruppen ging, schlägt er ganz neue Seiten für meinen arabischen Wortschatz auf.

Doch obwohl der Abend wirklich reizend war, dauert es zwei Monate, bis wir uns wiedersehen. Entweder bin ich in Ägypten, Syrien, den USA oder Deutschland unterwegs, oder er muss, im Auftrag der familieneigenen Druckerei, nach China zu einer Ausstellung für Druckmaschinen. Ob es vielen Singles so geht, dass sie eigentlich viel zu beschäftigt sind für ein Leben zu zweit? Wahrscheinlich ist die moderne Arbeitswelt der größte Feind höherer Geburtenraten.

Als wir endlich wieder zur gleichen Zeit in Beirut sind, schlägt er eine Wandertour vor. Ich sage erfreut zu, stelle mich aber insgeheim auf einen eher landestypischen Ausflug ein: Der Libanese an sich erobert die Landschaft lieber mit den Autoreifen als mit den Schuhsohlen. Wohl auch, weil die bei Libanesinnen beliebten Pfennigabsätze für Wanderwege und Bergtouren nur bedingt geeignet sind. Also fährt man (und gefühlte weitere 999 999 Beiruter) am Wochenende mit dem Auto zwei bis drei Stunden durch dichten Verkehr irgendwo in die Berge und geht dann zehn Minuten spazieren, um anschließend in ein Restaurant einzukehren, wo man den Rest des Tages mit einer mehrere Stunden dauernden Mahlzeit, ohrenbetäubender Musik und viel Anisschnaps verbringt. Tatsächlich endet auch unsere Tour auf dem Parkplatz eines Restaurants – aber erst nachdem wir volle drei Stunden durch einen Zedernwald und über eine wunderschöne Bergwiese im Frühlingsblumenkleid gestiefelt sind. Ich bin entzückt.

Und dann geht wirklich alles ganz schnell. Ein paar Sonntage später fahren wir wieder in die Berge, diesmal zum klassisch libanesischen Familienlunch im großen Rudel. Mit seinen Eltern, zweien seiner drei Brüder und deren

Frauen und Kindern, ein Dutzend kommt da schnell zusammen.

Teller um Teller häufen sich, die *mezze*, die köstlichen Vorspeisen auf dem Tisch, der Vater mischt den klaren Arrak in einer Karaffe mit Wasser und verteilt den dann milchweißen Schnaps auf kleine Gläser. Wir prosten uns reihum zu, trinken, und der Vater füllt die Gläser erneut. In der dritten oder vierten Runde hebt die Mutter ihr Glas, und statt des allgemeinen *keskon* (»Prost euch allen!«) streckt sie das Glas mir und ihrem Sohn entgegen, begleitet von einem forschen *akbelkon!* – Das kann, je nach Zusammenhang, im Arabischen vieles heißen. In unserem Fall ist die Bedeutung eindeutig: »Auf eine baldige Hochzeit!«

Ich schlucke. Ist das die offizielle Aufnahme in die Familie? Eine Art Vorverlobung? Oder nur der Wunsch einer libanesischen Mutter, ihren 40-jährigen Sohn endlich vor dem Altar beziehungsweise unter der Haube zu sehen? Ein kurzer Seitenblick auf meinen Liebsten: Obwohl wir zu dem Zeitpunkt – wir kennen uns ja erst seit ein paar Monaten – noch nicht über das Heiraten gesprochen haben, scheint der den Trinkspruch seiner Mutter völlig normal zu finden. Peinlich berührt jedenfalls wirkt er nicht.

Und irgendwie hat sie ja auch recht. Wir sind keine Teenager mehr, keine Studenten, keine jungen Berufsanfänger, die erst noch die Welt sehen und sich ihren Platz darin erobern müssen. Wir sind Akademiker in unseren Vierzigern und gehören ohnehin längst beide zu der von Familienforschern »Postponer« genannten Spezies. Wir haben das Thema Kinder immer wieder aufgeschoben, *postponed* – erst weil wir eine lange Ausbildung absolviert haben, dann weil der Einstieg in den Job anstand, und dann weil wir nicht den passenden Partner zur Realisierung unseres Kinderwunsches hatten. Und so haben wir gewartet. Und aufgeschoben. Und derweil unser Leben gelebt, so gut wir konnten.

Klar, wäre ich cooler und könnte mich leichter von Wunschbildern lösen, hätte ich schon vor Jahren versuchen können, was die israelische Soziologin und Bestseller-Autorin Eva Illouz Frauen empfiehlt: »Macht den Kinderwunsch nicht von der romantischen Liebe abhängig und wartet so lange auf den Richtigen, bis es zu spät ist.« Stattdessen rät sie, Kinder mit Spendern oder Freunden zu zeugen und sie in Gemeinschaften großzuziehen. Ihr Modell für die Zukunft heißt nicht späte Mutterschaft, sondern die Trennung von Elternschaft und sexuell-romantischer Beziehung.

Ich gestehe: Dazu bin ich zu konservativ. Oder zu romantisch. Vielleicht auch einfach zu naiv, weil ich noch an das Vater-Mutter-Kind-Modell glaube. Oder es zumindest für mich favorisiere. Wenn auch in stark den Zeitläuften angepasster Form, ohne Mutti-Faktor und Ehegattensplitting. Anstatt mir einen Erzeuger zu suchen, habe ich auf einen Vater gewartet. Auf einen, der nicht schwankt zwischen »Ich weiß noch nicht« und »irgendwann einmal«. Und ihn, wie es aussieht, gefunden. In Beirut. Wo ich am wenigsten damit gerechnet habe. Wie sang doch John Lennon in seinem wunderbaren Lied »Beautiful Boy«: »Life is what happens while you're busy making other plans.« Nach Jahren des Aufschiebens aus den verschiedensten Gründen ist es Zeit für die *recuperation*, für das Nachholen der Geburt des ersten Kindes. Damit aus »aufgeschoben« nicht doch noch »aufgehoben« wird, aus »spät« nicht »zu spät«.

Irgendwie auch beruhigend: Wenn es bereits einen wissenschaftlichen Fachausdruck für das Geburtenverhalten von Frauen wie mir gibt, kann ich tatsächlich kein kurioser Einzelfall sein. Und siehe da: »Das Phänomen der aufgeschobenen und später im Lebenslauf nachgeholten Geburten (*postponement* und *recuperation*) haben Demografen für alle Industrieländer festgestellt.«[56] Dieser Trend geht bereits so weit, dass Forscher anfangen, herkömmliche Methoden zur Prognose künftiger Geburtenraten in Zweifel zu ziehen, »da nicht berücksichtigt wird, dass Frauen ihre Kinder zunehmend in späterem Alter bekommen«. In den »hohen Altersstufen«, also bei Frauen in meinem Alter, heißt es in einem Arbeitspapier des Berliner Demografieforums von 2012, hätten sich in den letzten Jahren »die Fertilitätsraten […] durchweg erhöht«.[57]

Eine Tatsache, die, wenn sie außer Acht gelassen wird, leicht zu falschen Schlüssen führt. In Debatten über niedrige Geburtenraten und das demografische Problem wird gern auf uns Akademikerinnen gezeigt: die Verweigerinnen. Ein Reizthema, bei dem oft mit halbgaren Fakten operiert wird. Von bis zu 60 Prozent Kinderlosen unter den Frauen mit Hochschulabschluss ist bisweilen die Rede. Eine Zahl, die schlicht falsch ist. Tatsächlich bekommen rund 70 Prozent der Akademikerinnen (Jahrgänge 1964 bis 1968) Kinder[58] – nur eben später als andere Frauen. »Je mehr jüngere, zum Beispiel unter 35- oder unter 39-jährige Akademikerinnen in einer Stichprobe vertreten sind«, warnen die Autoren der Studie »Männer Leben«, »desto stärker wird die endgültige Kinderlosigkeit überschätzt, denn alle die, die zu einem späteren Zeitpunkt ein Kind bekommen, gehen als kinderlos in die Statistik ein.«[59]

Und das sind gar nicht so wenige. Noch einmal zur Erinnerung: Rund 140 000 der in Deutschland geborenen Kinder haben eine Mutter, die bei der Geburt 35 Jahre oder älter war. Und das bei nur 662 685 Kindern, die insgesamt 2011 in Deutschland geboren wurden. Das Jahr, in dem mein Sohn zur Welt kam, ist gleichzeitig das geburtenschwächste Jahr seit dem Zweiten Weltkrieg. Anders ausgedrückt: »Der Beitrag zur Geburtenrate der 20- bis 29-jährigen Frauen sank zwischen 2001 und 2010 von 47 auf 38 Prozent. Seitdem haben die über 30-jährigen Frauen den Rückgang der Kinder von unter 30-jährigen aufgefangen (›kompensiert‹). Ihr Beitrag zur Geburtenrate stieg von 43 auf 52 Prozent.«[60]

Vielleicht ist es an der Zeit für uns, aus dem Schatten zu treten und dem Phänomen »späte Mutter« ein – unser – Gesicht zu geben. Damit alle wissen, was wir ohnehin schon ahnen: Wir sind nicht allein. Wir sind keine Sonderlinge mit einer verkorksten Lebensplanung, sondern Frauen mit einer zeitgemäßen Biographie. Wir dürfen, um noch mal auf Iris Radisch zurückzukommen, »wählen, studieren, empfängnisverhüten und eigenes Geld verdienen«. Und bekommen trotzdem Kinder – nur, siehe oben, eben später als andere Frauen.

Der Trinkspruch der Mutter meines Liebsten fällt also auf fruchtbaren Boden. Wir haben lange genug getrödelt. Wie hieß es so schön auf der Karte, mit der mich vor vielen, vielen Jahren eine Freundin zu ihrer Hochzeit eingeladen hat: »Wenn man sich entschlossen hat, den Rest des Lebens miteinander zu verbringen, möchte man, dass dieser Rest so schnell wie möglich beginnt (Hollywood).«

Wir wollen zusammen alt werden. Und noch lieber möchten wir mit dem Zusammensein beginnen, bevor wir alt sind. Mit 40 fühlt sich Zeit plötzlich anders an. Wertvoller. Auf die Idee, in derselben Stadt in getrennten Wohnungen zu wohnen, wären wir zum Beispiel nie gekommen.

Und wir wollen Kinder. Beide. Jetzt. So schnell wie möglich. Was schert es uns, dass 82 Prozent der Männer und

62 Prozent der Frauen mindestens sieben Jahre mit ihrem Partner zusammen sind, bevor sie sich für gemeinsame Kinder entscheiden?

Warum ist es mit ihm so viel einfacher, über Kinder zu reden? Kein Rumgedruckse, keine Witze über Bonsais, kein mühsames Aushandeln, wer sich um was kümmern wird. Die Wortlosigkeit, die mich früher bei dem Thema überkam – nichts als eine ferne Erinnerung. Weil er sich genuin Kinder wünscht und offen dazu bekennt? Weil Kinder im Libanon noch sehr viel selbstverständlicher zum Leben gehören als in Deutschland? Oder einfach, weil wir beide wissen, dass Zeit ein Luxus ist, den wir nicht (mehr) haben? Obwohl wir unter völlig unterschiedlichen Umständen aufgewachsen und sozialisiert sind – er im libanesischen Bürgerkrieg, ich im saturierten Westdeutschland der siebziger und achtziger Jahre –, gibt es von Anfang an ein Grundvertrauen, ein Gefühl der Komplizenschaft gegenüber dem Rest der Welt.

Es gibt ihn also doch, den berühmten richtigen Moment, in dem sich das Gefühl, besser noch ein bisschen zu warten, in Luft auflöst; und es auf alle Fragen eine Antwort gibt; oder aber die Fragen nicht mehr wichtig erscheinen; weil wir es uns zutrauen, als Paar, gemeinsam die Verantwortung für ein Kind zu schultern. Und nicht einen Augenblick Angst haben, irgendetwas Wesentliches im Leben zu versäumen durch die Übernahme dieser Verantwortung. Die Zeit ist reif.

Und so zögere ich nicht einen Augenblick, als der Richtige mir einen Antrag macht. »Willst du mich heiraten?«, ganz klassisch mit Kniefall und Ring – volles Risiko, keine Hintertür, keine Jahre des Haderns, des Abstandwahrens, sondern gleich in die Vollen. Man kann nicht ewig schweben, und wir haben beide das Gefühl, bereit zu sein für die Landung. Diese Gewissheit habe ich in 13 langen Jahren mit dem anderen vermisst. Nun ist sie einfach da.

Auch wenn mir das Timing fast ein bisschen peinlich ist. Mit 40 den Richtigen treffen und nach zehn Monaten heiraten, knall, boom, das klingt fast nach Kitschroman oder Frauenfilm. »Wir haben nicht mehr damit gerechnet, mit dir eine Hochzeit zu feiern«, sagt mein Vater in seiner Festrede. Auch wenn es nicht so gemeint ist: Ein bisschen hört sich das an wie »gerade noch unter die Haube gebracht«. Bevor ich späte Mutter werde, bin ich eine späte Braut. 41 Jahre, sechs Monate und zwölf Tage. Gleichaltrige Freunde von mir sind da schon seit Jahren wieder geschieden.

Total egal, für uns ist es vor allem eins: ein großes Glück. Auch wenn wir noch nicht am Ziel sind. Vorerst sind wir ein nun zwar verheiratetes, aber kinderloses Paar mit Schmetterlingen im Bauch und großer Hoffnung im Herzen. Ein Paar, das beschlossen hat, späte Eltern zu werden – weil wir die Chancen ergreifen müssen, wenn sie sich bieten. Wir haben die Reife, die Lebenserfahrung, die nötige finanzielle Sicherheit und ein gutes Maß an Gelassenheit. Und wir haben uns. Auf ins Abenteuer! Jetzt oder nie.

Wie ich eingangs schrieb: So wenig ich mich erinnern kann, wann ich zum ersten Mal ganz bewusst den Wunsch nach Kindern verspürt habe, so genau weiß ich doch, dass ich niemals gedacht habe: Ich möchte keine Kinder. Irgendwo tief in mir drin hatte ich immer das vage Gefühl, dass ich eines Tages Kinder haben würde. Nun ist der Moment gekommen. Das Gefühl ist nicht mehr vage, sondern ganz konkret.

Wovon hängt ab, wann im Leben wir den Wunsch nach Kindern verspüren und wie intensiv wir versuchen, ihn zu verwirklichen? Ein kurzer Blick auf die großen Drei der Kinderwunschforschung: Alter, Partnersituation und beruflicher Werdegang.

Alt genug bin ich definitiv. Hoffentlich nicht zu alt.

Den richtigen Partner habe ich endlich gefunden.

Beruflich bin ich gut etabliert, habe eine stabile Karriere, ein paar Rücklagen und ein regelmäßiges Einkommen.

Wie bei einem schwierigen Puzzle fügen sich endlich alle Teile zusammen und ergeben ein klares Bild. Der sozioökonomische Zeitpunkt für ein Kind ist ideal. Der biologische weniger. Das Leben ist ein Biest und kein Wunschkonzert.

9
WER HAT AN DER UHR GEDREHT?

Einfach so schwanger zu werden ist in meinem Alter nicht selbstverständlich. Wie sagte es meine Gynäkologin so trefflich: »Ihren Eierstöcken ist es reichlich egal, dass Sie studiert und außerdem gute Chancen haben, 90 Jahre alt zu werden. Die funktionieren noch genauso wie die einer Frau aus der Steinzeit, die sich nur um den Nachwuchs kümmerte und vermutlich nicht älter als 40 wurde.« Na prima. Die Evolution hat den Trend zum späten Nachwuchs also verschlafen. Kein Wunder, bringen wir Spätzünder meist nur ein Kind zur Welt, leisten also nicht nur zur Rente einen kleinen Beitrag, sondern fallen auch im Genpool der Menschheit kaum ins Gewicht.

Eine Frau über 30 braucht statistisch gesehen fast doppelt so lange wie eine 20-Jährige, um schwanger zu werden. Ab 40 haben manche Frauen nicht mehr in jedem Zyklus einen Eisprung. Zugespitzt formuliert könnte man sagen: Wir späten Mütter spielen eine Art umgekehrtes russisches Roulette und hoffen auf den einen Treffer im fast leeren Magazin.

Natürlich sind Statistiken immer nur das: Statistiken, also Durchschnittswerte und Wahrscheinlichkeiten, von denen die Wirklichkeit abweichen kann, in jede Richtung; weil jede Frau, jedes Paar anders und Empfängnis ein so hochkomplexer Prozess ist, dass wir längst noch nicht alle Faktoren kennen, die dabei eine Rolle spielen. Es gibt Frauen, die werden mit 40 problemlos schwanger, und andere, die bereits mit 25 unfruchtbar sind. In welche Kategorie jede Einzelne von uns gehört, finden wir meist erst heraus, wenn wir konkret probieren, schwanger zu werden. Es ist schon irgendwie ironisch: So viele Jahre in unserem Leben haben wir Frauen Angst vor einer ungewollten Schwangerschaft. Und dann kommt es uns plötzlich vor, als sei schwanger zu werden in etwa so kompliziert wie das Bauen einer Atombombe.

Die mit dem Alter sinkende Fruchtbarkeit ist ohne jeden Zweifel das stärkste und überzeugendste Argument gegen späte Mutterschaft. Natürlich wissen wir das. Aber das Wissen allein hilft nichts, wenn es vorher aus den verschiedensten Gründen nicht passt. Ich habe nicht aus Daffke gewartet, bis ich über 40 bin, ebenso wenig wie die anderen späten Mütter, die ich kenne. Wir haben Gründe. Gute Gründe. Und so muss ich halt mit den Fakten leben. Und Geduld haben. Eine Frau um die 40 muss im Durchschnitt 20 Zyklen warten, bis sie schwanger wird.

20 Monate! 600 Tage! 14 400 Stunden! Viel Zeit zum Grübeln. Was, wenn es nun nicht mehr klappt? Woran würden wir erkennen, dass es nicht mehr klappt, dass es an der Zeit ist, den Traum aufzugeben? Wie weit wären wir bereit zu gehen, und stimmen unsere Grenzen diesbezüglich überein? Wie wird es uns als Paar damit gehen, sollte es schwierig werden mit der Schwangerschaft oder womöglich gar nicht klappen? Und wie werden wir mit bestimmten erhöhten Risiken umgehen, welche Tests wollen wir machen lassen und welche nicht? Sehr persönliche Fragen, die jede Frau, jedes Paar für sich beantworten muss.

Was nicht unbedingt leichter wird durch die in Deutschland weitverbreitete Ablehnung oder zumindest große Skepsis gegenüber assistierter Reproduktion. »Das ist ja wie Frankensteins Labor«, habe ihr Freund ihr an den Kopf geworfen – und sie dann verlassen, erzählte mir eine Bekannte, Anfang 40, die ihrem Partner eröffnet hatte, notfalls auch allein eine Kinderwunschklinik, dann eben im Ausland, aufzusuchen, falls er nicht mitziehen will.

Keine Frage: Der schönste, einfachste und allen Paaren zu wünschende Weg zum Kind ist der zu zweit, ohne Ärzte, ohne Labor, ohne Spritzen und Tabletten. Aber deswegen jede Möglichkeit, medizinisch nachzuhelfen, wenn es nötig sein sollte, von vornherein ablehnen oder verurteilen? Aus meiner Sicht gehört zur Freiheit der modernen Frau auch das Recht, den technisch-medizinischen Fortschritt in Sachen Reproduktion zu ihren Gunsten einzusetzen. Wenn sie es denn will.

Natürlich gibt es kein Recht auf ein Kind. Sehr wohl aber gibt es das Recht auf das Ausschöpfen bestehender medizinischer Optionen im Rahmen der jeweiligen Gesetze, und zwar ohne dafür stigmatisiert zu werden als egoistische Karrierefrau, die dann, wenn ihre »eigenen Eier verwelkt« sind, von den »Babymachern« eine »Schwangerschaft auf Bestellung« verlangt.[61] Dass Reproduktionsmedizin wider die Schöpfung oder die Natur sei, akzeptiere ich allenfalls als persönliches, aber nicht als politisch-gesellschaftliches Argument, nicht als Maßstab für die Allgemeinheit. Schließlich käme auch niemand auf die Idee, einer 80-Jährigen eine künstliche Hüfte zu verweigern mit dem Argument, die Natur habe eben nicht vorgesehen, dass sie in ihrem Alter noch laufe oder Treppen steige.

Natürlich werfen neue Techniken neue Fragen auf. Die

generelle Ethikdebatte rund um das Thema künstliche Befruchtung würde den Rahmen dieses Buches sprengen. Eine Frage aber, die immer wieder auftaucht, ist die des Alters: Wo sollen Ärzte die Grenze ziehen, wenn eine Frau mit Kinderwunsch in ihre Praxis kommt? Während wir uns in Deutschland gerade erst an die wachsende Zahl von Müttern in ihren Vierzigern gewöhnen, erlebt Amerika bereits die erste Welle fünfzigjähriger Erstgebärender.

Im September 2011 zeigte die Zeitschrift *New York* auf dem Cover eine grauhaarige, deutlich ältere Frau in der berühmten Demi-Moore-Pose für *Vanity Fair*: nackt im Profil, eine Hand über dem Busen, die andere um den schwangeren Bauch gelegt. Dazu in großen weißen Lettern die Frage: »Is she just too old for this?« Wenn ich mir schon Gedanken darüber mache, in einigen Jahren womöglich für die Großmutter meines Sohnes gehalten zu werden und wie er als Teenager über mein Alter urteilen wird – wie wird das bei Müttern sein, die bei der Geburt noch einmal zehn oder gar mehr Jahre älter sind?

Zur Beruhigung: Das Titelbild ist eine Photoshop-Kreation, das Model, Maya Musk, war zum Zeitpunkt des Shootings 63 Jahre alt und keineswegs schwanger. Die Aufmerksamkeit aber, die das Titelbild und die dazugehörige Geschichte bekommen haben, zeigt, wie sehr die Frage nach dem legitimen Höchstalter für Nachwuchs weltweit die Gemüter bewegt. Die Protagonistin der Reportage hat zwei Kinder – das erste bekam sie mit 48, das zweite mit 52 Jahren. In Deutschland undenkbar, da Eizellenspenden nicht zulässig sind. Auch die zweite in der Geschichte erwähnte Methode, der Einsatz einer Leihmutter, die die Schwangerschaft austrägt, ist in Deutschland verboten. Schwangere Frauen in ihren Fünfzigern wird es schon deshalb in Deutschland nicht in großer Zahl geben, weil die dazu erforderlichen medizinischen Techniken nicht zugelassen sind.

Wie alt aber ist zu alt, wie spät zu spät? 45? 48? 50? Mit Eintritt der Menopause? Wer entscheidet das? Wer darf das entscheiden? Die Ärzte? Der Gesetzgeber? In Italien hat im Juni 2010 ein Gericht in Turin einem Ehepaar seine wenige Wochen zuvor geborene Tochter weggenommen. Ihre Begründung: Die Eltern seien zu alt. Die Mutter war bei der Geburt 57 Jahre alt, der Vater 70 Jahre. Ohne Frage ein extremes Alter für ein Baby. Die Reaktion des Gesetzgebers aber war nicht weniger extrem. Das Baby wurde den Eltern nach nur 18 Tagen entzogen und nach langwierigen Gerichtsprozessen zur Adoption freigegeben mit der Begründung, sie sei »die Tochter eines narzisstischen Bedürfnisses und eines Allmachtwillens, der sich mit der Zeit immer weiter von der Realität entfernt hat«.[62]

Mit einer solchen Begründung könnten vermutlich auch sehr viel jüngeren Eltern Kinder entzogen werden – und der Allmachtwillen scheint in diesem Fall eher auf Seiten der Behörden zu liegen. Auch muten die gezogenen Grenzen im postnationalen Zeitalter umso willkürlicher an, je uneinheitlicher die Regelungen in den verschiedenen Ländern sind. Während die Turiner Gerichte angeblich zum Wohl des Kindes so drastisch einschritten, bekam etwa um die gleiche Zeit eine Frau in der Schweiz, also gleich nebenan, mit 66 Jahren Zwillinge – von den Behörden völlig unbehelligt. In Frankreich dagegen gibt es ein Gesetz, das Schwangerschaften nach der Menopause verbietet, eine Reaktion auf einige schlagzeilenträchtige extrem späte Schwangerschaften in Europa. Der damalige französische Gesundheitsminister, Philippe Douste-Blazy, zur Begründung: »Nicht

Frauen haben das Recht, ein Kind zu bekommen. Vielmehr haben Kinder ein Recht auf ein angemessenes Zuhause.«

Damit begibt sich der Politiker auf riskantes Terrain. Was ist ein angemessenes Zuhause? Kann das allein eine Frage des Alters der Eltern sein? Mit dem Wort »angemessen« ließen sich viele Argumente gegen unterschiedliche Eltern finden: Können drogensüchtige Eltern ihrem Kind ein »angemessenes« Zuhause bieten? Arbeitslose? Krebskranke? Verurteilte Straftäter? Wie weit darf, wie weit soll der Staat sich einmischen in die Definition dessen, was ein »angemessenes« Zuhause für ein Kind ist? Warum sollte er beim Alter mitreden, bei anderen, für das Kind oft schwerwiegenderen Faktoren aber schweigen?

Der amerikanische Altersforscher Thomas Pearls, der an der Universität von Boston seit 1995 zum Thema Langlebigkeit forscht, rät gar zu einer völligen Neubewertung der Menopause. Er sieht darin lediglich ein »evolutionäres Überbleibsel« aus der Zeit unserer Urahnen. »Vor zehntausend Jahren, als die Menschen mit 50 starben und die Geburt in jedem Alter ein großes Risiko war, brachte die Menopause noch das, was Evolutionsforscher einen ›Überlebensvorteil‹ nannten: Sie sorgte für den Erhalt der Art, indem sie Frauen ermöglichte, sich in ihren letzten Lebensjahren ihren Kindern und Enkelkindern zu widmen, ohne Gefahr zu laufen, noch einmal schwanger zu werden und im Kindsbett zu sterben.«[63] Heute aber würden Frauen im Durchschnitt 81 Jahre alt, sind mit 50 also alles andere als fast tot.

Und wo werden wir die Grenze in Zukunft ziehen, wenn eine neue Generation von Frauen auf ihre eigenen, in weiser Voraussicht in jungen Jahren eingefrorenen Eizellen zurückgreifen kann? Wird das *social freezing*, wie die noch relativ neue Technik des Einfrierens von Eizellen oder Eierstockgewebe zum Anlegen einer »Fruchtbarkeitsreserve« heißt, die Altersgrenzen für Mutterschaft weiter verschieben?

Ursprünglich ersonnen für Frauen, die sich trotz einer notwendigen Krebstherapie die Chance auf ein leibliches Kind erhalten wollen, hat das vorsorgliche Einfrieren von Eizellen auch ohne medizinischen Grund in den letzten Jahren an Popularität gewonnen und wird mittlerweile auch in Deutschland angeboten. Schätzungsweise hundert Frauen im deutschsprachigen Raum haben im Jahr 2012 von dem neuen Verfahren Gebrauch gemacht, um ihr Zeitfenster für Kinder zu verlängern.[64] Das könnten interessante neue Rechtsstreitigkeiten werden, wenn ein Arzt sich weigert, einer Frau ihre eigenen Eizellen, die sie jahrelang für teures Geld hat lagern lassen, einzusetzen mit der Begründung, nun sei sie wirklich zu alt. Verbindliche Altershöchstgrenzen für die Befruchtung eigener Eizellen gibt es in Deutschland bislang nicht. Die Firma FertiProtekt aus München, die den noch recht neuen Service des Einfrierens eigener Eizellen anbietet, empfiehlt lediglich, eine »Rückgabe der Eizellen« zwecks künstlicher Befruchtung nach dem 50. Lebensjahr »zu vermeiden«.[65]

Wir werden als Gesellschaft um diese Fragen nicht herumkommen. Je früher wir uns ihnen stellen, nüchtern und ohne ideologischen Schaum vorm Mund, desto besser wird es gelingen, die richtige Balance zu finden zwischen einem breiten ethischen Konsens und den Bedürfnissen der Einzelnen. Nach Berechnungen des Bundesinstituts für Bevölkerungsforschung könnten übrigens in Deutschland bis zum Jahr 2050 bis zu 850 000 mehr Kinder geboren werden, würden die Krankenkassen, wie zum Beispiel in Dänemark, die Kosten für drei Behandlungszyklen künstlicher Befruchtung übernehmen. Seit 2004 übernehmen die gesetzlichen

Kassen in Deutschland nur noch 50 Prozent der Behandlungskosten, und das für drei Versuche. Aber das auch nur dann, wenn die Frau zwischen 25 und 40, der Mann zwischen 25 und 50 Jahre alt ist und beide verheiratet sind.

Aber zurück zu uns. Eine Frau um die 40 muss im Durchschnitt 20 Zyklen warten, bis sie schwanger wird. 20 Monate! 600 Tage! 14 400 Stunden!

Sich diese Zahlen zu vergegenwärtigen, fühlt sich an, als bestätige mir jemand schwarz auf weiß das Ende meiner Jugend. Der offizielle Altersstempel. Ich war schon beleidigt, als mir zum ersten Mal eine Verkäuferin im Duty-Free-Shop ein Anti-Faltenserum für die reife Haut empfahl. Die Statistik passt nicht zu meinem sich viel jünger fühlenden Ich. Wer hat an der Uhr gedreht? Alt waren doch bis vor kurzem immer nur die anderen.

Ich will ganz ehrlich sein: Natürlich wünschen mein Mann und ich uns in dieser Zeit oft, sehr oft sogar, wir wären uns früher begegnet, wären zehn Jahre jünger. Auch wenn ich natürlich nicht mit Gewissheit weiß, ob ich dann wirklich schneller schwanger geworden wäre. Wie gesagt: So viele Jahre macht frau sich eher Gedanken über ungewollte Schwangerschaften als darüber, wie fruchtbar man wohl noch ist. Einfach mal so zur Vorsicht den Hormonspiegel zu testen, auf die Idee bin ich mit 30 oder 35 nicht gekommen. Was hätte ich mit dem Resultat auch anfangen sollen – etwa wenn sich herausgestellt hätte, dass ich mich wirklich besser ganz arg beeile mit dem Nachwuchs? Hätte ich dann den Umständen zum Trotz auf ein Kind gedrängt? Wären die Umstände weniger ins Gewicht gefallen? Hätte ich all meine Bedenken beiseite geschoben und dem Mann an meiner Seite die Pistole auf die Brust gesetzt und ihn bei Widerstand verlassen?

Ich kenne nur sehr wenige Frauen, die ihren Mann wegen Uneinigkeit beim Thema Kinderwunsch verlassen haben – und keine, die durch diesen Schritt dann schnell Mutter geworden wäre. Entweder waren sie danach sehr lange allein oder haben über einen langen Zeitraum nur kurze Affären gehabt, also nichts, was sie einer Familie näher gebracht hätte.

Die jungen Frauen heute haben, wie oben beschrieben, da schon mehr Optionen. »Ich bin gerade auf Zypern und lasse meine Eizellen einfrieren«, schrieb mir unlängst eine Bekannte – so wie andere schreiben »bin zum Baden an der Costa Brava«. Pauschalurlaub der anderen Art. Ihr Frauenarzt habe eine niedrige Eizellenreserve diagnostiziert und ihr geraten, wenn sie jetzt nicht gleich Kinder bekommen wolle, vorsorglich einen kleinen Vorrat einzufrieren.

Bei meiner Frauenärztin hieß die Empfehlung, als ich 35 Jahre alt war, noch: »Wenn Sie Kinder wollen, dann legen Sie jetzt mal bald los.« Das ist noch keine zehn Jahre her – medizinisch gesehen aber eine Ewigkeit. »Viele meiner Freundinnen machen das jetzt«, schreibt die Bekannte noch, »weil wir gesehen haben, wie schwer sich viele Frauen mit dem Schwangerwerden tun, die 35 oder älter sind.« Eine neue Generation proaktiver Frauen wächst da heran, die sich die Option der späten Mutterschaft offenhalten wollen und selbstbewusst und selbstverständlich den medizinischen Fortschritt nutzen, um ihr Leben nach ihren Vorstellungen und ihrem Tempo zu leben.

Bei allen Phantasien rund um den Kinderwunsch – eines wünschen mein Mann und ich uns nie: dass einer von uns oder beide bereits aus einer früheren Beziehung Kinder hätten. Obwohl wir den Ausgang unseres Abenteuers noch nicht kennen, sind wir froh, dass es ganz und gar unser

Abenteuer ist. Ohne Mitbringsel aus der Vergangenheit. Ohnehin sind ja alle »hätte, wäre, wollte«-Überlegungen immer nur Gedankenspiele, und die Wahrscheinlichkeit, dass wir uns überhaupt begegnet wären, hätten wir bereits mit früheren Partnern Kinder gehabt, ist sehr gering, weil ich dann vermutlich niemals nach Beirut gezogen wäre.

Aber einer späten Möchtegern-Mutter geht eben eine Menge durch den Kopf, wenn sie konkret beschlossen hat, ein Kind zu wollen und nicht weiß, ob der Wunsch in Erfüllung gehen wird. Es gar nicht erst zu versuchen, ist eine Sache. Es zu versuchen und zu scheitern eine ganz andere. Zwischen kinderlos und ungewollt kinderlos liegen Welten. Zumindest so lange, bis man, für sich selbst oder als Paar, mit der Nichterfüllung eines Lebenswunsches seinen Frieden gemacht hat.

Ich habe viele Freundinnen ohne Kinder. Manche von ihnen hätten gern Kinder gehabt, sind deswegen aber keine unglücklichen Menschen. Als feststand, dass sie niemals Mütter werden, haben sie sich neu orientiert im Leben – und den meisten gelingt das, mit etwas Abstand, auch sehr gut. Das Alter, so paradox das klingt, mag dabei von Vorteil sein: Wer erst sehr spät konkret versucht, Kinder zu bekommen, hat bereits viel Erfahrung im Leben ohne Kinder. »Ich bin weg über die Zeit, in der es wehtat, kein Kind zu haben«, sagte mir eine von ihnen einmal, ein tröstender Gedanke in dieser Phase der Ungewissheit.

Mit großer Empathie, das ist mir klar, dürfte ich in meinem Alter nicht rechnen, falls es nicht mehr klappt. Bestenfalls mit einem Achselzucken: Ach, du wolltest Kinder? Warum hast du denn dann so lange gewartet? Wir möchten keine Kommentare, keine Ratschläge und auch kein Mitleid, falls es wirklich nicht klappt – weshalb ich praktisch niemandem erzähle, dass wir gern ein Kind möchten. Es bleibt unser Geheimnis.

Nur für seine Familie steht, auch ohne dass wir darüber reden, außer Frage, dass wir Kinder wollen. Vom beschwörenden Handauflegen und den Empfehlungen, mich an die einschlägigen Heiligen zu wenden, habe ich bereits erzählt. Er lässt sich davon nicht kirre machen, und weil er ruhig bleibt, bleibe ich es auch. Ein, zwei Mal fahre ich sogar mit zum heiligen Charbel, der großen Hoffnung aller Kranken und Kinderlosen, warum auch nicht, das Kloster ist hübsch gelegen auf einem Hügel in den Bergen, vom Garten geht der Blick über ein weites Tal, die Luft ist klar und erfrischend hier oben. Fasziniert beobachte ich die Inbrunst, mit der die Menschen, vor allem die Frauen, beten am Grab des maronitischen Mönchs, der 1898 gestorben ist und 1977 von Papst Paul VI. heiliggesprochen wurde.

Fast wünsche ich mir, ich könnte das auch: daran glauben, dass Beten hilft. Immerhin, irgendwann gelingt es mir für einige Momente, in der kleinen Kapelle vom Beobachtungsmodus in eine eher meditative Stimmung zu wechseln und einen inneren Dialog über mein Leben zu führen. Ich blicke auf erfüllte, abwechslungs- und lehrreiche Jahre zurück und habe nun noch das Glück gehabt, eine große Liebe zu finden, mit der ich hoffentlich mindestens noch einmal vier Jahrzehnte durchs Leben gehen kann. Ich fühle mich gesegnet. Kurios, dass mir ausgerechnet dieses Wort in der Kapelle durch den Kopf geht. In diesem in mich gekehrten Moment beschließe ich, ein Kind, sollten wir eines bekommen, als ein großzügiges Extra zu sehen, als Geschenk. Fast spüre ich eine Art Demut gegenüber einem Schicksal, das ich noch nicht kenne. Ist das die rationale Form des Gebets? Da macht es auch schon wieder Klick, und ich kippe in den

Beobachtermodus zurück. Mein spiritueller Augenblick ist vorbei. Auf der Rückfahrt nach Beirut fühle ich mich entspannt wie lange nicht. Was natürlich auch einfach an dem schönen Tag in der Bergluft liegen kann.

Ticktack, ticktack, die Zeit vergeht. Ich werde 42, unser Hochzeitstag jährt sich zum ersten Mal. Wir gehen in ein schickes Restaurant, bestellen Erdbeer-Margaritas und trinken auf die Zukunft.

Eine Frau um die 40 muss im Durchschnitt 20 Zyklen warten, bis sie schwanger wird. 20 Monate! 600 Tage! 14 400 Stunden! Soweit die Statistik.

Aber dann kommt der 4. April 2011. Unser Glückstag. Fünfzehn Monate, drei Wochen und zwei Tage nach unserer Hochzeit ist es so weit: Ich sehe zwei blaue Streifen hinter einem winzigen Plexiglasfenster. Der zweite ist ganz schwach, aber er ist da. Eindeutig. Oder? Plötzlich bin ich mir nicht mehr so sicher.

»Ja«, sagt mein Mann.

»Bist du sicher? Guck lieber noch mal genau hin«, sage ich.

»Es sind zwei«, sagt er mit absoluter Gewissheit.

»Meinst du, der Test ist zuverlässig?«, frage ich noch mal und will gerade zum hundertsten Mal die Packungsbeilage lesen, als er sie mir aus der Hand nimmt.

»Es sind zwei Streifen, und soweit ich weiß, sind falsche Positivergebnisse sehr selten. Alles weitere wird uns die Ärztin erklären.«

Ich bin schwanger! 50 Tage vor meinem 43. Geburtstag. Spät. Aber nicht zu spät. Den Rest des Tages verbringen wir wie in Trance. Immer wieder renne ich zu dem Teststreifen, um zu gucken, ob immer noch beide Streifen zu sehen sind (auch wenn das nach einer Weile gar nichts mehr zu sagen hat). Als wir alle Sinne wieder halbwegs beisammen haben, rufen wir meine Gynäkologin an.

»Wie schön! Dann gehen Sie doch gleich morgen ins Labor zum Beta-HCG-Test.«

Und drei Tage später zum zweiten. Und drei Tage später zum dritten. Dreimal Blutabnehmen in einer Woche. Doch was macht das schon, wenn die Tests bestätigen, was wir gehofft haben. Ich bin schwanger, und der Wert steigt von Mal zu Mal genau so, wie er soll – ein erster Hinweis auf eine stabile Schwangerschaft. Da darf mir die Laborassistentin gern ein wenig in den Armen herumstochern.

Was lerne ich in den nächsten Wochen nicht alles dazu. HCG zum Beispiel steht für Human Chorion Gonadotropin. Das Schwangerschaftshormon wird von den äußeren Keimzellen des noch winzigen Embryos gebildet, aus denen später die Plazenta entsteht. Danke, Mr. Google, mein neuer bester Freund. Zu jedem Test, den ich machen muss, jedem Wort, das meine Ärztin fallen lässt, gehe ich ins Netz – um alles ganz genau zu wissen und mir immer wieder Bestätigung zu holen, dass alles ganz normal verläuft. Denn ich bin doch eine späte Schwangere. So viele Risiken!

Und wer sich als Schwangere auf die Reise durchs Internet begibt, dem wird erst recht angst und bange. Da wimmelt es nur so von Scheinschwangeren, hysterischen Schwangeren und ehemaligen Schwangeren mit Horror-Storys. Meine Freundschaft mit Mr. Google bekommt erste Risse.

In meinem Wissenshunger lade ich mir eine Schwangerschafts-App auf mein iPhone – ein Programm, in das ich meinen geschätzten Geburtstermin eingebe und dann auf meine Schwangerschaft maßgeschneiderte Informationen bekomme. Tag um Tag, Woche um Woche wird in Wort und Bild erklärt, was gerade in mir geschieht, wie groß der Embryo jetzt ist – von der Erdnuss über die Pflaume zur Avocado zur Melone –, welche Körperteile gerade gebildet werden, was der Fötus schon kann, was ich auf dem nächsten Ultraschallbild erkennen werde. Ein bisschen wie ein 40-wöchiger Adventskalender: jeden Tag ein Türchen öffnen, hinter dem sich neue Details verbergen über unser Kind. Und am Ende liegt in der Krippe ein Neugeborenes. Auf meinem Nachtisch stapeln sich nicht mehr die neuesten Romane, sondern Titel wie *Bauchgefühl* (Tipps von einer erfahrenen Hebamme) oder *Pregnancy for Dummies*.

Wäre ich als 25-Jährige oder mit Anfang 30 auch so wissbegierig gewesen? So besorgt? Letzteres vermutlich nicht, nimmt doch die Wahrscheinlichkeit einer Fehlgeburt während der ersten Monate mit dem Alter der Mutter deutlich zu. Nach manchen Berechnungen endet fast die Hälfte aller Schwangerschaften von Frauen um die 40 mit einer Fehlgeburt. Erhöht ist das Risiko allerdings nur in den ersten drei bis vier Monaten. Danach kehrt Ruhe ein, ist das Risiko einer Fehlgeburt nicht höher als bei jüngeren Schwangeren auch.

Auch ich werde ruhiger. Mit jeder Woche wächst die Zuversicht: Wir werden Eltern! Und dann können wir irgendwann nicht mehr widerstehen und kaufen die ersten Strampelhosen. Anfangs haben wir uns das nicht getraut, aus einer Art unausgesprochenem Aberglaube heraus – als hätten wir Angst, bestraft zu werden, wenn wir uns zu früh zu intensiv freuen. Bis mir eine gute Freundin, der ich von unserer bewussten Zurückhaltung erzählte, sagt: »Weißt du, wenn es schiefgeht, ist es so oder so furchtbar, da machen die paar Babyklamotten in der Schublade auch keinen Unterschied.«

Nur einmal noch gibt es ein paar Tage der Ungewissheit:

Weil ich vor lauter Hormon- und Bluttests vergessen habe, mich vor der Schwangerschaft auf Toxoplasmose testen zu lassen, ist nicht ganz klar, ob die jetzt festgestellten Werte zurückzuführen sind auf eine frische Infektion (durch rohes Fleisch, verunreinigten Salat oder Kontakt mit Katzen) oder auf eine alte, für die Schwangerschaft nicht relevante Infektion.

Toxo-was? Nie gehört! Als späte Mutter geht man lange durchs Leben, ohne mit bestimmten Vokabeln in Berührung zu kommen. Eine davon war für mich Toxoplasmose – eine Infektion, die bei Erwachsenen fast immer ohne Symptome verläuft, in der Schwangerschaft aber zu Fehlgeburten oder Missbildungen beim Ungeborenen führen kann. Mit dem Alter der Schwangeren hat diese Infektion nichts zu tun. Nach dem dritten Test steht endlich fest: Es ist eine weit zurückliegende, nicht mehr akute Infektion, also keine Gefahr für das Ungeborene. Bis dahin habe ich vermutlich 1000 Seiten im Internet gelesen über den Parasiten Toxoplasma gondii und weiß alles über Immunglobulin-M-Titer, Immunglobulin-G-Titer und lgM-Antikörper. Und habe mich mindestens hundertmal gefragt, wann ich zuletzt nicht ganz gründlich gewaschenen Salat oder rohes Fleisch gegessen habe, das mit Bulgur und Gewürzen zubereitet, eine Spezialität der libanesischen Küche ist.

Du spinnst!, sage ich mir, als ich das entlastende Testergebnis vor mir habe, dich so verrückt zu machen hältst du keine neun Monate durch. Ob ich auf meine Tage als späte Schwangere nicht vielleicht noch ein spätes Medizinstudium aufnehmen möchte, neckt mich mein Mann. Ich verordne mir Google-Verbot.

Ganz halte ich das natürlich nicht durch. Doch ich versuche, mich auf erfreulichere Themen zu verlegen. Vornamen zum Beispiel – und finde ein Verzeichnis, das für jedes Jahr seit Anfang 1890 die beliebtesten Vornamen auflistet. Der Name, den wir schließlich für unseren Sohn auswählen, war tatsächlich schon einmal 1890 der beliebteste Vorname in Deutschland.

Die Schwangerschaft selbst verläuft völlig unkompliziert. Das möchte ich hier so ausdrücklich sagen, weil man als späte Schwangere ja am liebsten die Lektüre von Zeitschriften und Magazinen einstellen möchte, um nicht von einer Panikattacke in die nächste zu verfallen. Ich leugne überhaupt nicht, dass bestimmte Risiken in meinem Alter höher sind als andere. Manche Journalisten aber scheinen eine geradezu sadistische Freude an der Ausbreitung der größtmöglichen Unglücksszenarien zu haben.

Doch Gestose, Plazentaschwäche und Schwangerschaftsdiabetis bleiben zum Glück Begriffe, die ich nur vom Lesen kenne. Als typische späte Schwangere gehe ich natürlich verlässlich zu allen Vorsorgeuntersuchungen; im Libanon lasse ich mich sogar gleich von zwei Ärzten betreuen. Durch eine Empfehlung von Freunden habe ich zusätzlich zu meiner regulären Frauenärztin einen deutschsprachigen Gynäkologen gefunden – manchmal ist es einfach schön, in der Muttersprache zu hören, dass alles in Ordnung ist.

Da wir die gute Nachricht zögerlich streuen, halten sich Ratschläge und Ermahnungen von der lieben Verwandtschaft in Grenzen. Anfangs wächst der Bauch so langsam, dass ausgerechnet die Tante, die mir zuvor ständig die Hand auf den Bauch gelegt hatte, jetzt nicht glauben will, dass ich im vierten Monat bin. »Ihr macht Scherze mit einer alten Frau«, sagt sie und streicht mir natürlich gleich wieder über den Bauch. Als ob man in unserem Alter noch über Schwangerschaften scherzen würde!

Ein paar Tipps gibt sie dann aber doch. Salat müsse ich jetzt unbedingt mit Salz und Essig waschen, am besten dreimal, rohes Fleisch sei natürlich tabu, Brot nur in Maßen essen, Süßes ebenso, dafür reichlich frisches Obst. Das bringt uns der älteste Bruder frisch vom Feld tütenweise ins Haus. Die berühmten Bananen aus Damour. Im Garten der einen Tante gibt es Maracuja direkt vom Baum, bei der anderen samtweiche Maulbeeren und frische Feigen. Das reinste Paradies. Und wenn mir nicht gerade speiübel ist, greife ich auch beherzt zu. Der Hinweis meiner Frauenärztin allerdings, ich könnte ruhig ein Gläschen Wein am Tag trinken, scheint mir ein bisschen zu großzügig. Das mache ich ja nicht mal, wenn ich nicht schwanger bin.

Unerwartet kompliziert finde ich den Erwerb von Umstandsmode in Beirut. Zwar sind mir die Plakate für die »Waiting Angels«-Boutique aufgefallen, lange bevor ich schwanger war. Als ich sie mir dann tatsächlich ansehe, stelle ich fest: Schwangere Libanesinnen haben andere Bedürfnisse als ich. Ich suche vor allem praktische und bequeme Klamotten, Hosen mit Gummibund, unkomplizierte Blusen und Pullover. In den Geschäften aber finde ich nur schicke, sündhaft teure Teile, von denen ich mir vielleicht eins für besondere Gelegenheiten kaufen würde, aber nicht die komplette Ausstattung für eine ganze Schwangerschaft. *Beirut never surrenders* – das gilt auch für die Frauen, die selbst hochschwanger perfekt aussehen und mit zusammengebissenen Zähnen noch im neunten Monat auf ihren High Heels balancieren. Ich bin schon froh, dass ich am Ende überhaupt noch ein paar Schuhe finde, das passt.

Warum 300 Euro für ein Umstandskleid ausgeben, wenn ich als späte Mutter nur begrenzt hoffen kann, es auch beim zweiten Kind zu tragen? Und da ich mich auch als nicht schwangere Frau Anfang 40 nicht wie eine ausgeflippte 20-Jährige gekleidet habe, fange ich jetzt mit dickem Bauch bestimmt nicht damit an.

Überhaupt: ich – in der Abteilung für Umstandsmode. So viele Situationen, Gefühle, Momente, die ich zuvor entweder bei meinen Schwestern, bei Freundinnen oder im Film gesehen habe – und nun, spät, selbst erlebe. Immer wieder habe ich das Gefühl, mich selbst wie in einem Film zu sehen. Der erste Ultraschall; der Moment, in dem wir zum ersten Mal den Herzschlag hören; die großen Untersuchungen, nach denen wir erleichtert hören, dass alles in Ordnung ist. Und natürlich ist mir, ganz klassisch, die ersten zwölf Wochen so richtig schön übel. Zwar muss ich nicht filmreif auf die Toilette rennen, um mich zu übergeben; dafür habe ich ständig das Gefühl, ich sei auf hoher See unterwegs.

Seekrank sitze ich an meinem Schreibtisch und versuche mich auf die Arbeit zu konzentrieren. In den langen Jahren ohne Kinder konnte ich mir nie so richtig vorstellen, wie früh eine Schwangerschaft doch ein sehr bewusster Prozess ist und wie sehr sie den Körper, die Wahrnehmung, das Denken verändert. Ganz oft haben wir schon jetzt intensiv das Gefühl, zu dritt zu sein, auch wenn es noch so lange hin ist bis zur Geburt. So ein kleines Wesen nistet sich nicht nur in der Gebärmutter ein, sondern auch im Bewusstsein. Und im Bewusstsein einer späten Mutter ganz besonders.

Es ist gut, dass eine Schwangerschaft 40 Wochen dauert. 40 Wochen, um sich nach 40 Jahren ohne Kind auf ein Leben als Mutter einzustellen. Eine Pufferzone zwischen dem Leben davor und dem Leben danach. Es ist eine Zeit der intensiven Zweisamkeit, und ich genieße sehr, dass mein Mann so präsent ist. Ihn in diesen Monaten ständig irgendwo in einem Kriegsgebiet zu wissen, fiele mir schwer. Es ist schön, die intensiven Gefühle, die mit der Schwangerschaft kommen, unmittelbar teilen zu können und nicht zu bangen, ob die Entbindung auch pünktlich zwischen zwei Recherchereisen fällt.

So hat sich das Warten am Ende auch in dieser Hinsicht gelohnt: Das Gefühl, den Richtigen für das Abenteuer Kind an meiner Seite zu haben, vertieft sich. Wir mögen späte Eltern sein. Vor allem aber sind wir ein gutes Paar, und das wird uns helfen, uns in der Elternrolle nicht zu verlieren. Wir reden viel über unsere eigene Kindheit, seine und meine, die sehr unterschiedlich waren. Ich habe mal in einer Reportage gelesen, dass die Art, wie man selbst aufgewachsen ist, die Regeln, die bei einem zu Hause galten, sehr prägend sind dafür, welchen Erziehungsstil man später selbst entwickelt. Ich bin gespannt, welche Details aus unseren Elternhäusern uns dann wieder einholen.

Ich frage meinen Mann, wie er als Baby ausgesehen hat. »Das weiß ich nicht«, sagt er. Ich sehe ihn verwundert an. »Von mir gibt es nur ein einziges Foto als kleines Kind, da bin ich vielleicht zwei Jahre alt. Alle anderen Fotos haben wir verloren, als wir fliehen mussten.« Ich schlucke.

Die Flucht. Zwar kenne ich das Drama in groben Zügen, doch was eine solche Vertreibung im Detail für ein Leben, ein Kinderleben bedeutet, kann sich, wer es nicht selbst erlebt hat, kaum jemand vorstellen. Keine Kindheitsfotos! Mein Mann wurde mit sechs Jahren von einem Moment auf den anderen abrupt aus der Welt seiner Kindheit vertrieben, ohne Vorwarnung musste er alles hinter sich lassen, hat die gewohnte Umgebung, die Freunde, das Zuhause verloren und nie wieder gesehen, weil das schöne alte Haus mit Garten restlos zerstört wurde.

Wenn die Familie zusammensitzt, die Eltern und mindestens zwei der insgesamt vier Brüder oder eine der Tanten, wird die Geschichte aus der Anfangszeit des libanesischen Bürgerkriegs oft erzählt. Der 20. Januar 1976 hat sich tief ins Familiengedächtnis eingebrannt – jener Tag, an dem palästinensische Milizen nach Damour kamen mit dem festen Vorsatz zu töten und zu brandschatzen. Die Familie sah Männer mit Gewehren von Haus zu Haus ziehen. Und konnte selbst gerade noch rechtzeitig fliehen, aber nur mit dem, was sie am Leib trugen. Ein Boot brachte die Flüchtlinge in den rettenden Norden, nach Jounieh.

Jounieh! Ich kann mir diesen Bürgerkrieg im Nachhinein nur schwer vorstellen. Alles liegt so nah beieinander. Über die Autobahn fährt man von Damour nach Jounieh heute je nach Verkehr eine halbe bis Dreiviertelstunde. Und doch konnte die Familie damals für mehr als 20 Jahre nicht in ihr Dorf zurück. Die dramatische Flucht, der Verlust der Heimat, die plötzliche Armut als Flüchtling im eigenen Land – wie anders sah meine Kindheit im friedlichen und wohlhabenden Westdeutschland der siebziger und achtziger Jahre aus. Von mir, meinen Schwestern, von den Urlaubsfahrten mit unseren Eltern nach Österreich oder an die Nordsee gibt es jede Menge Dias, ordentlich beschriftet im Keller meines Vaters und inzwischen sogar weitgehend digitalisiert. Selbst meine Kinderschallplatten und meinen einäugigen Teddybären habe ich noch. Meine Eltern gehören, als Jahrgänge 1926 und 1930, noch zur deutschen Kriegsgeneration. Sollte ich mal Kinder haben, dachte ich immer, wird Krieg nur noch eine historische Bezugsgröße sein.

Kurioserweise gibt es trotzdem ganz viel, was mein Mann und ich beide mit den achtziger Jahren verbinden, Krieg hin oder her. Wir haben, er im Libanon und ich in Deutschland, dieselbe Musik gehört, haben dieselben Fernsehserien und Kinofilme gesehen und ähnliche Moden mitgemacht. Gemeinsamkeiten, an denen wir jetzt, wenn wir überlegen, wie unser Sohn wohl aufwachsen wird, umso mehr Freude haben.

Ich kann es nicht anders sagen: Wir genießen die Zeit der Schwangerschaft. Und empfinden sie, nachdem unsere Anfangsangst einmal überwunden ist, überhaupt nicht als Risiko. Mir geht es, als die Übelkeit endlich verschwindet, sehr gut, und der Kleine macht uns schon vor seiner Geburt viel Spaß – etwa als er sich beim Ultraschall hartnäckig weigert, sein Gesicht zu zeigen. Immer wieder stupst ihn die Ärztin mit dem Ultraschallschlegel an. Dann bewegt er sich zwar so, dass meine Bauchdecke wackelt, hält aber ungerührt weiter beide Hände fest vor das Gesicht gepresst. »Der will Sie überraschen damit, wie er aussieht, keine Chance auf einen Vorabblick«, lacht auch die Ärztin.

Dass es ein Er sein wird, hat uns zuvor schon mein deutschsprachiger Arzt verraten, es ist ihm einfach so herausgerutscht. »Oh, Sie wollten es doch wissen?«, fragt er, als ihm der Lapsus bewusst wird. Wollten wir? Ich bin mir erst nicht sicher, finde es dann aber ganz praktisch. Schon weil wir in Ruhe nach einem Namen suchen können. Ohnehin waren die Chancen auf ein Mädchen nicht sonderlich groß: Mein Mann hat drei Brüder, und die haben insgesamt fünf Söhne. Ein Mädchen wäre ein kleines Wunder gewesen.

Und dann spüre ich zum ersten Mal, wie er sich bewegt. Als schwirre ein Schwarm Schmetterlinge durch meinen Bauch. Ein leichtes Flirren, beim ersten Mal bemerke ich es kaum. Als die Bewegungen häufiger und stärker werden, wirke ich auf meine Umwelt vermutlich leicht entrückt; aus heiterem Himmel, jedenfalls ohne für Außenstehende ersichtlichen Grund, fange ich an zu lächeln. Sobald aber mein Mann seine Hand auf den Bauch legt, wird das Baby mucksmäuschenstill.

Der nächste Meilenstein ist der große morphologische Ultraschall im zweiten Trimester. Zentimeter für Zentimeter scannt die Ärztin den Kleinen ab, Arme, Beine, Hände, Füße, Herz, Leber, Nieren. Ich wusste gar nicht, wie viele Details ein geübtes Auge erkennen kann. Die Ärztin ist hoch zufrieden, trotz später Schwangerschaft alles genau so, wie es sein soll. Die Organe am rechten Fleck, das Herz schlägt kräftig, auch Größe und Gewicht entsprechen der Norm der 21. Woche. Und ich hole die erste Hose mit elastischem Bund aus dem Schrank. Jetzt bin ich auch optisch schwanger.

Es ist ein schöner Sommer. Daheim in Beirut fahren wir mehrmals die Woche ans Meer, in Deutschland machen wir Urlaub in den Alpen, mieten uns ein in eine schnuckelige bayerische Pension mit Blick auf die Zugspitze, tuckern gemütlich weiter nach Österreich und in die Schweiz. Früher hätte ich das vermutlich spießig gefunden, jetzt genieße ich jeden Augenblick. Österreich ist das Land meiner Kindheit, hier haben wir fast jeden Sommer verbracht, an einem der vielen Seen in Kärnten oder in der Steiermark, und wenn ich jetzt, mit 42 Jahren und selbst schwanger, einen Almdudler bestelle und einen Zwiebelrostbraten, erinnere ich mich gern an die glücklichen Wochen auf dem Bauernhof, an die Touren mit dem knallgelben Schlauchboot und sogar an die missglückten Versuche, Wasserski zu fahren. Anstatt neue Länderpunkte zu sammeln, reise ich mit Vergnügen auf den Spuren meiner Kindheit. Wenn wir eines Tages Kinder haben, werden wir halt anders reisen, dachte ich, als ich Mitte, Ende zwanzig war. Nun ist es so weit, und ich freue mich darauf. Nach zehn Jahren in der arabischen Welt wird die Ostsee für mich geradezu exotisch sein, für meinen libanesischen Mann sowieso.

Überhaupt sehen wir der Zukunft entspannt entgegen. Darin sehe ich einen der ganz großen Vorteile später Schwangerschaft: keine Existenzangst, kein panisches Rechnen, ob mit den Extraausgaben für Windeln, Babykleidung und Kinderbetreuung das Geld bis zum Monatsende reichen wird. Im Job habe ich eine Ebene erreicht, auf der ich keine Angst mehr habe, durch ein Kind ins Abseits zu geraten. Den Luxus einer deutschen Elternzeit habe ich im Libanon zwar nicht, doch bin ich zuversichtlich, dass wir den Alltag mit Baby auch ohne lange Auszeit meistern und genießen werden.

Und sonst? Sind wir nun wirklich zu einem jener Klischeepaare mutiert, dessen Leben schon vor der Geburt des Kleinen nur noch um das Projekt Kind kreist und das selbst die Spucktücher noch farblich passend zur fröhlichen Tapetenbordüre kauft?

Ich gebe zu: Ich hätte gern ein Designer-Babyzimmer gehabt. So wie ich es aus Film und Fernsehen kenne. Eines, das Fotografen von Hochglanzmagazinen anlockt und auf fünf Doppelseiten andere Mütter träumen lässt. Ein Hauch von Hollywood, wo Kinderzimmer immer aussehen wie ein Traum in Rosa oder Blau. Aber das Leben ist kein Möbelkatalog. Vorhänge auswählen, durch Möbelhäuser streifen, Wickelauflagen vergleichen? Auch wenn neun Monate Schwangerschaft am Anfang wie eine Ewigkeit erscheinen: Für den Perfektionismus einer echten Superglucke fehlt mir schlicht die Zeit. Bis drei Tage vor der Geburt arbeite ich voll. Ich bin, mal wieder, spät dran.

Und so stammt das Kinderbett vom Onkel väterlicherseits. Eine Cousine meines Mannes überlässt mir ihr schrillgelbes Stillkissen, die Babyschale fürs Auto und eine hässliche, aber unglaublich praktische Baby-Badewanne auf Rädern. Eine Tante, deren Sohn mittlerweile elf Jahre alt ist, kramt aus den Tiefen ihrer Schränke tütenweise Babykleidung hervor.

Natürlich können auch wir während der Schwangerschaft nicht widerstehen, mehr Strampler und Jäckchen und Mützen zu kaufen, als ein Baby jemals anziehen kann. Doch sind die meistens von C&A oder H&M, Biobaumwolle gibt es heute schließlich fast überall, und das mit den teuren Markenklamotten heben wir uns, wenn überhaupt, lieber für eine Zeit auf, in der die Sachen nicht nach einer Woche in der Kiste für »Rausgewachsen« landen. Manchmal können sogar Glucken rechnen.

Zur Welt kommen soll das Baby im Krankenhaus. Das steht von Anfang an fest. Nicht nur, weil Hausgeburten im Libanon nicht üblich sind. Als ich meinem Mann erzählte, dass in Deutschland manche Frauen ihre Kinder ganz bewusst nicht im Krankenhaus zur Welt bringen, sah er mich an, als hätte ich erzählt, dass sie zum Gebären in den Dschungel unter die wilden Tiere gingen. Mir als Spätgebärender wäre eine Hausgeburt oder selbst ein Geburtshaus zu viel des Abenteuers. Ein ordentlich ausgestatteter Kreißsaal mit einem diensthabenden Arzt und allem zur Hand, was man im Notfall brauchen könnte, muss es schon sein. Das Krankenhaus, das wir uns aussuchen, sieht sehr modern aus, Kreißsäle gibt es in der Variante gelb, blau und grün, und da ich als im Ausland Versicherte automatisch Privatpatientin bin, werde ich ein Einzelzimmer haben und darf das Baby bei mir im Zimmer behalten.

Je näher der Geburtstermin rückt, desto intensiver legt mir meine Ärztin nahe, mich doch für einen Kaiserschnitt zu entscheiden. Ich zögere lange, möchte lieber eine spontane Geburt und bin schon deshalb skeptisch, weil Libanon zu den Ländern mit extrem hohen Kaiserschnittraten zählt, unabhängig vom Alter der Frauen. Wie unterschiedlich die Einstellung zum Kaiserschnitt im Libanon und in Deutschland ist, merke ich, wenn ich mit anderen Frauen darüber spreche. »Kaiserschnitt?«, fragen die Libanesinnen – »du Glückliche.« – »Kaiserschnitt?«, fragen die Deutschen – »oh, du Arme.«

Am Ende gebe ich doch nach. So kurz vor dem Ziel möchte ich das Schicksal nicht herausfordern. Auch wenn ich überzeugt bin, wir hätten das hingekriegt, mein Sohn und ich. Sein errechneter Geburtstermin wäre unser dritter Hochzeitstag gewesen. Nun wird sein Geburtstag für Donnerstag, den 1. Dezember 2011 festgesetzt. Mit 43 Jahren, sechs Monaten und einem Tag beginnt für mich ein neues Leben.

10

UNTER FRAUEN

Wir können über das ideale Alter zum Kinderkriegen streiten, solange wir wollen. Unterdessen schaffen Frauen Tatsachen. 1961 bekamen Frauen in Deutschland ihr erstes Kind im Durchschnitt mit 24 Jahren, im Jahr 2000 mit 29 Jahren und im Jahr 2008 mit 30,4 Jahren. Seit dem Jahr 2003 bringen die unter 30-Jährigen weniger Kinder zur Welt als Frauen über 30. Im Detail: 2010 wurden in Deutschland 743 Kinder pro 1000 Frauen im Alter von 30 bis 39 Jahren und 535 Kinder pro 1000 Frauen im Alter von 20 bis 29 Jahren geboren. 1991 war das Verhältnis noch nahezu umgekehrt.[66]

Es ist also höchste Zeit, diesen neuen Muttertyp als Realität zu akzeptieren und späte Mutterschaft nicht länger als verfehlte Lebensentscheidung einer kleinen Gruppe von Irrläuferinnen zu diskriminieren. Was auffällig ist: Die schärfsten Kritiker sind fast immer Kritikerinnen – weil wir Frauen die Lebensentwürfe anderer Frauen offenbar als Angriff auf unseren eigenen empfinden. Warum können wir nicht akzeptieren, dass es den einen Weg zum Glück für Frauen so wenig gibt wie für Männer? Für die eine ist es richtig, früh Kinder zu bekommen, weil es zu ihrem Leben passt oder es sich so ergeben hat, für die andere passt es erst später, für wieder andere nie.

Leben und leben lassen sollte unsere Devise sein. Anstatt uns darüber zu ereifern, wessen Lebensmodell das Beste ist, sollten wir gemeinsam dafür streiten, dass jede von uns das Leben ihrer Wahl führen kann: als frühe oder späte Mutter, als Kinderlose, als berufstätige Mutter, als Mutter in Teilzeit oder als nicht berufstätige Mutter. Das aber fällt uns Frauen und vor allem den Müttern unter uns offenbar schwer. *Spiegel*-Autorin Claudia Voigt etwa, selbst alleinerziehende Mutter und Mitherausgeberin des Buches *Die Unmöglichen. Mütter, die Karriere machen*[67], unterstellt späten Müttern kollektive Reue. »Niemand, der heute vierzig oder fünfzig ist, gibt gern zu, dass er sein Leben rückblickend besser anders gelebt hätte. Da ist es leichter, den Umständen die Schuld zu geben.«

Abgesehen davon, dass »die Umstände« wie Verfügbarkeit von Kinderbetreuung, Flexibilität am Arbeitsplatz, Aufteilung der Verantwortung innerhalb der Partnerschaft, Partnerschaft überhaupt natürlich immer eine Rolle für die Entscheidung spielen, wer wann wie viele Kinder bekommt, da wir Frauen ja nicht in einem Vakuum leben: Woher weiß sie, dass mehr oder weniger alle Frauen, die ihre Kinder spät bekommen haben, dies rückblickend bereuen? Natürlich wäre es schön gewesen, hätte ich den Mann, mit dem ich Kinder haben möchte (und er sie auch mit mir), nicht erst mit 40 kennengelernt. Aber deshalb meinen Weg bis hierher bereuen? Mir wünschen, ich hätte mein Leben anders gelebt? Ein klares Nein!

Anlass für Voigt, Frauen generell zu raten, ihre Kinder früher, möglichst sogar schon während des Studiums zu bekommen, war ein Essay der Amerikanerin Anne-Marie Slaughter, der weltweit für Wirbel gesorgt hat. Unter der provokanten Überschrift »Warum Frauen immer noch nicht alles haben können« beschrieb Slaughter, Direktorin im Planungsstab der amerikanischen Außenministerin Hillary Clinton, wie sie auf einem Empfang des amerikanischen Präsidenten anlässlich der UN-Vollversammlung in New York Champagner trinkt, mit Diplomaten aus aller Welt plaudert – und dabei ständig an ihren 14-jährigen Sohn denken muss, an dessen Schulprobleme und daran, dass sie ihrer Meinung nach nicht genug Zeit mit ihm verbringt. Als vier Monate später, im Januar 2011, die zweijährige Beurlaubung von ihrer Professur in Princeton abläuft, beschließt sie, den einflussreichen und angesehenen Job in der Politik aufzugeben und an die Universität zurückzukehren, um mehr Zeit für die Familie zu haben. Voigts Kommentar zu dieser Entscheidung: »Mit über 50 noch die Teenager-Probleme der eigenen Söhne oder Töchter zu wälzen ist nicht ideal.«

Teenager-Probleme sind in keinem Alter eine Freude für die Eltern, so viel steht wohl fest. Mag sein, dass es einer 35-Jährigen leichter fällt, den Wandel ihres Nachwuchses vom süßen Engel zum pubertierenden Monster zu verkraften. Doch wenn Voigt behauptet, Slaughter habe »wie viele Frauen ihrer Generation früh in ihrem Leben eine falsche Entscheidung getroffen: Sie hat ihre Kinder zu spät bekommen«, suggeriert sie eine einfache Lösung, wo es keine einfache Lösung gibt. Und sie lässt einen wesentlichen Aspekt außer Acht: Slaughter hätte den anspruchsvollen Job, den sie mit Anfang fünfzig aufgab – sie war die erste Frau in dieser herausgehobenen Position überhaupt –, vermutlich nie erreicht, hätte sie ihre Kinder mit Anfang oder Mitte zwanzig bekommen. Um die luxuriöse Entscheidung zu treffen, einen Traumjob aufzugeben, muss man diesen überhaupt erst einmal bekommen. Zudem hat Slaughter die Stelle im

Planungsstab der Außenministerin (wieder) gegen die Professor an einer der angesehensten Universitäten der USA eingetauscht – auch nicht gerade eine schlecht bezahlte Hilfstätigkeit. Aber eben eine, die ihr mehr Zeitsouveränität bietet als der familienunfreundliche Job in der Politik.

Wer den Essay von Anne-Marie Slaughter aufmerksam liest[68], wird feststellen, dass sie den Weg, den sie gewählt hat, nicht bereut, aber auch nicht idealisiert. In einer nüchternen Analyse listet sie die Optionen auf, die Frauen mit Ambitionen und Kinderwunsch in der heutigen Arbeitswelt haben und kommt zu dem Schluss: Die ideale Lösung für die Vereinbarung dieser beiden konkurrierenden Lebensziele gibt es (noch) nicht. »Ein Kind, das geboren wird, wenn die Mutter 25 ist, macht Abitur, wenn die Mutter 43 ist – ein Alter, in dem sie, wenn sie sich ganz auf die Karriere konzentriert, noch genügend Zeit und Energie hat, um beruflich voranzukommen.« Soweit die Theorie, die auch Voigt vertritt: die Kinder möglichst früh bekommen und dann, wenn sie aus dem Gröbsten raus sind, durchstarten.

Doch Slaughter glaubt nicht an einfache Wahrheiten: »Wer früh Kinder bekommt, tut sich womöglich schwer, einen Universitätsabschluss zu erlangen, einen ersten guten Job zu bekommen und Chancen zum Aufstieg in den frühen, so entscheidenden Jahren der Karriere«, warnt sie. Außerdem hat frau weniger Geld und dadurch weniger Spielraum, Entlastung anzuheuern, um den Balanceakt von Job und Familie zu schaffen. Auch das mit dem späten Durchstarten ist so eine Sache: »Ich kenne keine einzige Frau, die in ihren 40ern erfolgreich auf dem akademischen Arbeitsmarkt oder als Partnerin in einer Anwaltskanzlei eingestiegen ist«, korrigiert Slaughter das rosige Bild von der Mutter, die erst in Ruhe ihre Kinder und dann die Karriere großzieht.

Aus all diesen Gründen hätten viele Frauen ihrer Generation entschieden, sich erst beruflich zu etablieren und das Kinderkriegen auf die Zeit Mitte, Ende dreißig zu verschieben. Auch diese Strategie hat ihren Preis, wie Slaughter aus eigener Erfahrung weiß. Die Jahre nach ihrem 35. Geburtstag erinnert sie als »Albtraum«. Drei Jahre lang hat sie alles versucht, um schwanger zu werden und war irgendwann fast panisch, »dass ich womöglich zu lange gewartet habe, um noch ein eigenes Kind zu bekommen«.

Doch es ging alles gut. Mit 38 bekam Slaughter ihren ersten Sohn, mit 40 den zweiten. Ihre Empfehlung an künftige Frauengenerationen: »So wie unsere Arbeitswelt heute funktioniert, rate ich, sich erst beruflich zu etablieren, aber trotzdem zu versuchen, Kinder vor dem 35. Geburtstag zu bekommen – oder Eizellen einzufrieren, egal ob man verheiratet ist oder nicht.« – Eine Empfehlung, die in Deutschland wohl gleich den nächsten Aufschrei nach sich zöge, gilt die assistierte Reproduktion vielen doch als Teufelszeug, erst recht, wenn sie von Frauen gezielt eingesetzt wird, um ihr Zeitfenster zum Kinderkriegen zu verlängern.

Wie sehr die Frage nach dem richtigen Zeitpunkt für ein Kind Frauen rund um den Globus beschäftigt, zeigen die Reaktionen, die Slaughter auf ihren Essay bekam, nach eigenen Angaben »fast eine Million Leser innerhalb einer Woche«, »Interviews mit Journalisten in Großbritannien, Deutschland, Norwegen, Indien, Australien, Japan, den Niederlanden und Brasilien«, dazu »Artikel in Frankreich, Irland, Italien, Bolivien, Jamaika, Vietnam, Israel, dem Libanon, Kanada und vielen anderen Ländern«[69]. Die Reaktion der Deutschen empfand sie als »hin- und hergerissen« – was wenig überrascht angesichts der stark polarisierten Debatte, die wir in Deutschland stets führen, sobald es um Kinder, Mütter und Beruf geht. »Einlassungen zum Komplex Kind und Karriere führen frustrierend oft dazu, dass sich Frauen gegenseitig an die Gurgel gehen«, stellt etwa Tanja Rest in der *Süddeutschen Zeitung* fest, wirft Slaughter dann aber im selben Artikel »pure Arroganz« vor, weil sie gewagt hat, ihre Erfahrungen zu verallgemeinern und nicht als individuelles Problem zu beschreiben.[70]

Dabei ist die Frage der Vereinbarkeit von Karriere und Familie genau das nicht: ein individuelles Problem. Warum lassen wir Frauen uns immer wieder einreden, es sei unsere Privatangelegenheit, ob und wie wir es schaffen, Kinder und Familie unter einen Hut zu bringen? »Erfahrungen Einzelner sind nicht generell, sondern individuell«, behauptet Tanja Rest. Inwieweit bitte sind Kitas, die spätestens um fünf Uhr die Tore schließen, sind überfüllte Wartelisten für Krippenplätze, sind starre Arbeitszeiten und auf Anwesenheit fixierte Arbeitgeber eine individuelle Erfahrung?

Sicher, der Spitzenjob, den Anne-Marie Slaughter aufgibt, ist eine individuelle Herausforderung, mit extremen Arbeitszeiten und einem Anforderungsprofil, das viele Frauen vermutlich sogar ohne Kinder schaudern ließe. Doch Slaughter geht es nicht um ihren Einzelfall, sondern um die strukturellen Probleme, vor denen Frauen stehen, die eine anspruchsvolle Karriere mit dem Dasein als Mutter kombinieren wollen. Individuell ist die Erfahrung da allenfalls, wenn alles gut klappt – weil der Mann zu Hause bleibt, weil der Arbeitgeber als rühmliche Ausnahme zu den wenigen familienfreundlichen zählt, weil man einen der wenigen Krippenplätze ergattert hat oder genug für eine selbst organisierte Betreuung durch Tagesmütter und Babysitter verdient. Der Mangel an systematischer politischer und gesellschaftlicher Unterstützung, der es der Mehrheit der Frauen so schwer macht, Familie und Beruf oder gar Familie und Karriere unter einen Hut zu bringen, ist dagegen genau das: ein generelles und damit gesellschaftliches Problem – weshalb ja so viele gut ausgebildete Frauen so lange zögern, Kinder zu bekommen und, wenn überhaupt, späte Mütter werden.

11

GLUCKE IM GLÜCK

Februar 2013: Ich hieve den Buggy die acht Stufen hoch zur Eingangstür des Irish Pub in Georgetown, Washington, D.C. Drinnen ist es knallvoll, wir kommen kaum zur Tür herein. Ein Kellner nimmt mir den zusammengefalteten Wagen ab und verstaut ihn in irgendeiner Ecke. Ich schäle meinen Sohn aus der dicken Winterjacke und gehe mit ihm auf dem Arm hoch in den ersten Stock, von wo uns lautes Stimmengewirr entgegenschlägt. Happy Hour nach einem langen Konferenztag. In allen Ecken angeregte Unterhaltungen, Weingläser klirren, es gibt warme Häppchen. Weil ich kaum durch die Menge komme, überlege ich für einen Augenblick, gleich wieder kehrtzumachen. Zu voll und zu laut für ein kleines Kind, denke ich und: »Bestimmt halten mich alle für verrückt.«

In dem Moment kommt eine Frau aus der Menge auf mich zu und zieht mich am Arm mit an die Theke: »Wie schön, dass du auch gekommen bist! Ich wollte unbedingt mit dir reden.« Also bleibe ich. Irgendwer nimmt mir meinen Sohn vom Arm, er wandert durch die Menge, und ich bestelle mir ein Glas Rotwein.

»Ich wollte dir sagen, wie toll ich es finde, dass du mit deinem kleinen Kind zur Konferenz gekommen bist. Das macht mir Mut. Mein Mann und ich denken nämlich auch gerade über Kinder nach, und ich habe große Sorge, dass ich nicht beides hinkriege, meinen Job und die Familie. Aber wenn ich dich sehe, schöpfe ich Hoffnung.« Ich weiß nicht, ob ich vom Rotwein oder vor Scham erröte, mir wird ganz warm im Bauch, verlegen spiele ich an dem Glas herum. »Nein, wirklich, ich meine das ernst. Es schafft auch ein ganz anderes Klima, wenn ein kleines Kind bei so einer Konferenz dabei ist. Es erinnert uns alle daran, dass wir verstärkt auf Familienfreundlichkeit pochen müssen. Es sollte ganz normal sein, Kinder mitzubringen. Denn wir kämpfen doch alle mit dem Problem, wie wir beides unter einen Hut kriegen.«

Wir werden von der Menge in unterschiedliche Ecken des Raums gedrängt. Eine andere, deutlich jüngere Frau kommt auf mich zu. »Ach, was ich dir noch sagen sollte: Ich finde es klasse, dass du mit Kind hier bist. Man liest als junge Frau ja immer all diese Artikel über ›Can women have it all?‹ – und dann jemanden zu sehen, die das einfach macht und lebt – Respekt!«

Nun bin ich wirklich gerührt. Ich habe meinen Sohn ja nicht als politisches Statement mitgebracht, sondern weil nur so wir beide, mein Mann und ich, an dieser Konferenz in Washington teilnehmen können, 14 Flugstunden von Beirut entfernt. Ihn allein zu Hause zu lassen bei der Kinderfrau kommt nicht in Frage, die Großeltern wären überfordert, also muss er, wenn wir beide reisen wollen, mit.

Natürlich nehmen wir ihn auch gern mit. Und freuen uns über das Privileg, als Familie beruflich unterwegs sein zu können. Ein wenig fürchte ich trotzdem jedes Mal das Urteil der anderen. Bei einer anderen Konferenz ein paar Monate zuvor in Jordanien sagte eine Mit-Organisatorin zu mir: »Wenn ich dich mit deinem Sohn sehe, bin ich richtig neidisch. Meine Tochter ist vier Monate alt, ich habe sie bei meiner Mutter gelassen. Auf die Idee, sie mitzubringen, wäre ich nie gekommen.«

Indirekt hörte ich sie sagen: »Du nimmst dir ganz schön etwas heraus!« Und ja, es ist ein Privileg, einen Arbeitgeber zu haben, der mir gestattet, meinen kleinen Sohn mit auf Dienstreisen zu nehmen. Andererseits ist mein Arbeitgeber froh, dass ich, als mein Sohn gerade mal zwei Monate alt ist und ich eigentlich noch in meiner ohnehin kurzen Elternzeit bin, einwillige, an einer wichtigen Konferenz in den USA teilzunehmen. »Das geht nur, wenn ich ihn mitnehmen kann«, sage ich – schon wegen des Stillens. Die meiste Zeit schläft er in seinem Kinderwagen im Foyer des Konferenzraums, wo ich ihn durch eine Glasscheibe sehen und hören kann. Die Stiftung, in deren Räumen die Konferenz ausgerichtet wurde, verfügt – ganz vorbildlich – sogar über einen separaten Stillraum. Da fühle ich mich gleich viel weniger fehl am Platz mit dem Kleinen.

Meine erste Dienstreise mit Baby – der Präzedenzfall ist geschaffen. Im zarten Alter von zehn Monaten hat mein Sohn Stempel von acht Ländern im Pass. Und als wir ein Jahr später zur Folgekonferenz nach Washington zurückkehren, fühlen wir uns fast wie bei einem Familientreffen. »Oh, ist der groß geworden«, sagen jene, die ihn schon vom Jahr zuvor kennen. Selbst zum Termin im amerikanischen Außenministerium darf er mit. Mein Ansprechpartner an dem Morgen ist leicht übernächtigt, seine beiden Söhne, knapp zweieinhalb Jahre und vier Monate alt, haben in der Nacht zuvor Fieber bekommen, und er hat praktisch kein Auge zugetan. Als er uns am Empfang abholt, nimmt er meinen Sohn sofort auf den Arm, und da bleibt er mehr oder weniger bis zum Ende unserer Besprechung.

Mir ist klar, das alles geht nur, weil ich kein Schreibaby habe, sondern eines mit sonnigem Gemüt. Oje, wird jetzt die eine oder andere Leserin mit den Augen rollen, noch so eine verblendete späte Mutter, die nicht peilt, wie sehr sie ihre Umwelt mit ihrem angeblich so braven Baby nervt und die Legenden um ihren ach so tollen Nachwuchs strickt. Doch großes Ehrenwort – es sind vor allem andere, die Sätze sagen wie: »Mit meinem Baby hätte ich das nicht machen können, der hat nur geschrien.« Oder »Auf jeder Konferenz sollte mindestens ein Baby dabei sein, das lockert die Atmosphäre ungemein auf.« Ich dagegen zucke beim kleinsten Mucks auf und sprinte raus zum Kinderwagen, damit niemand gestört wird. Mein Privileg soll nicht zur Qual für die anderen werden.

Als Mitte Zwanzigjährige, selbst mit dreißig hätte ich mich das alles nicht getraut. Da bin ich mir ganz sicher. Und ebenso sicher bin ich mir, dass mein Arbeitgeber auch deshalb so flexibel und großzügig ist, weil ich seit vielen Jahren zum Team gehöre und ihm meine über die Jahre angesammelte Erfahrung und mein Fachwissen wichtig sind. Es bereitet weniger Umstände, mir diese kleinen Extras zu genehmigen als mich zu ersetzen. Die Jahre, die ich vor der Geburt des Kindes in meine Ausbildung und in die Karriere investiert habe, kommen uns als Familie zugute; wobei es vermutlich auch von Vorteil ist, dass mein Chef selbst drei Kinder und eine berufstätige Frau hat und sich gelegentlich mit den Worten »Ich habe heute Kinderdienst« vorzeitig aus einer Konferenz verabschiedet.

Dass ich trotz Baby in meiner Führungsposition geblieben bin, hat natürlich seinen Preis. Zehn Wochen nach der Geburt fange ich wieder voll an zu arbeiten. Ein Jahr Elternzeit, das ist nicht drin – gibt es im Libanon ohnehin nicht, und in den USA – mein Arbeitgeber ist amerikanisch – auch nicht. Ich hätte natürlich eine längere unbezahlte Auszeit nehmen können. Dann aber wäre es mit dem nahtlosen Wiedereinstieg auf Leitungsebene sicher schwieriger geworden. Auch als Teilzeitkraft hätte ich den Job nicht weitermachen können.

Andererseits ist die frühe Rückkehr in den Job auch ein guter Schutz gegen zu viel Glucken. Als späte Mutter hat man ja schnell einen Ruf weg. Nie werde ich den Gesichtsausdruck einer Bekannten vergessen, die ich eines Abends im Kino treffe. »Das ist seit der Geburt der erste Abend, den wir allein ausgehen und einen Babysitter zu Hause haben«, erzähle ich ihr fröhlich, weil es mir selbst so recht erst in dem Moment bewusst wird – da ist mein Sohn etwa 15 Monate alt. Sie wirkt irritiert, verlegen, weiß nicht so recht, was sie sagen soll. Es klingt ja auch erst einmal sonderbar! In Gedanken sieht sie uns vermutlich seit 15 Monaten Abend für Abend auf dem heimischen Sofa sitzen, ohne jeden Außenkontakt, ohne Freunde, all unsere Gedanken allein um das spätgeborene Baby kreisend.

Von den vielen Reisen habe ich nichts erzählt. Auch nicht, dass mein Sohn eine Nachteule ist und wir ihn abends, wenn die Umstände es erlauben, einfach mitnehmen, also mitnichten jeden Abend zu Hause bleiben. Praktischerweise tritt drei Monate vor der Geburt unseres Sohnes im Libanon ein Gesetz in Kraft, welches das Rauchen in Cafés und Restaurants verbietet – und es wird, was mich wirklich erstaunt, sogar weitgehend beachtet. Im Libanon wird man nicht schräg angesehen, wenn man mit Babys oder kleinen Kindern ein Restaurant betritt. Im Gegenteil, meist können wir uns der besonderen Aufmerksamkeit des Personals und oft auch der anderen Gäste sicher sein. In

Deutschland dagegen fielen wir zumindest in manchen Gegenden wohl sofort in die Kategorie Macchiato- oder Edel-eltern, die dem Nachwuchs »den Spitzenplatz in ihrer biografischen Prioritätenliste freigeräumt haben« und »für ihren Traum von Elternschaft und Nachkommen alle anderen Pläne fahren [...] lassen«[71] – und außerdem natürlich ständig die Umwelt durch die unangemessene Präsenz ihres Edelkinds terrorisieren.

Machen wir uns nichts vor: Deutschland ist in Sachen Kinderfreundlichkeit nicht gerade ein Spitzenreiter. Die Kinder (anderer Leute) werden schnell als störend empfunden, als Zumutung, als Privatangelegenheit, die Eltern der Öffentlichkeit bitte weitgehend ersparen mögen. Wie viel selbstverständlicher die Präsenz von Kindern anderswo ist, merke ich auf den Reisen mit meinem Sohn deutlich. Zwar werden mir die öffentlichen Liebesbeweise in der Türkei, in Jordanien, selbst in den prüden USA bisweilen fast zu viel. Irgendwann kaufe ich meinem Sohn ein T-Shirt »Please stop kissing me«. Einem türkischen Souvenirhändler schlage ich im Reflex gar auf die Hand, als der gerade ansetzt, meinen schlafenden Jungen in die Wange zu kneifen.

Das deutsche Extrem aber, demzufolge man die Kinder anderer Leute bitte so wenig wie möglich hören und sehen soll, muss es auch nicht unbedingt sein. Wäre, was im Prenzlauer Berg als (lästiger) Ausnahmezustand beschrieben wird, die Regel – nämlich dass Familien mit Kindern für sich in Anspruch nehmen, am öffentlichen Leben teilzuhaben –, gäbe es die Debatten über Macchiato-Mütter und Edel-Väter nicht, zumindest nicht mit der Häme, mit der sie bisweilen geführt werden. Vielleicht – aber das ist natürlich eine gewagte These – gäbe es sogar mehr Kinder.

Eltern, so die klare Botschaft der meist als humorvolle

Glossen getarnten Kritik, sollen ihre Blagen bitte so großziehen, dass jene, deren Kinder schon groß sind, oder jene, die erst gar keine wollen, nicht gestört werden. Und zwar im öffentlichen Raum und natürlich auch am Arbeitsplatz. Und da späte Eltern offenbar verstärkt dazu neigen, ihre Elternrolle offensiv und sichtbar zu leben, geraten wir besonders leicht in die Kritik.

Dass Kinder und Jugendliche in Deutschland zwar beste Voraussetzungen haben in Sachen Wohlstand, Bildung und Gesundheit, mit ihrem Leben aber dennoch eher unzufrieden sind, hat im April 2013 eine Unicef-Studie bestätigt. Beim Vergleich von 29 Industrieländern landete Deutschland, was das subjektive Wohlempfinden von Kindern und Jugendlichen angeht, nur auf Platz 22![72] Dazu kommt, dass Familien mit Kindern immer mehr zu einer Minderheit werden. Laut Mikrozensus des Statistischen Bundesamtes lebten 2011 in Deutschland 64,1 Prozent der Bevölkerung in einem Haushalt ohne minderjährige Kinder. Umgekehrt heißt das, lediglich 35,9 Prozent der Bevölkerung lebten als Elternteil oder als Kind in einer Familie mit mindestens einem minderjährigen Kind. Wie sich Menschen ohne Kinder oder mit erwachsenen Kindern bei diesem Zahlenverhältnis von Familien regelrecht terrorisiert fühlen können, ist mir ein Rätsel.

Auch in Beirut zögere ich durchaus, bevor ich mit meinem Sohn ein Café oder ein Restaurant besuche. Tue ich es dann doch, bin ich immer wieder angenehm überrascht, wenn nach einer Minute der erste Kellner ihn auf den Arm nimmt und er dann von Arm zu Arm die Runde durchs Lokal macht.

Ich erlebe – und staune. Erst als mein Sohn auf der Welt ist, stelle ich fest, dass ich vor seiner Geburt überhaupt keine

Vorstellung hatte, wie unser Leben mit Kind aussähe. Wir haben, ganz entgegen dem Klischee der alles perfekt vorbereitenden und nichts dem Zufall überlassenden späten Eltern, vieles auf uns zukommen lassen und sehr wenig geplant. Wozu auch! Wann hat man je wieder so eine wunderbare Ausrede, einfach in den Tag zu leben wie mit einem Baby?

Alles in allem finde ich die ersten Monate nach der Geburt bei weitem nicht so anstrengend wie erwartet oder, nach einschlägiger Lektüre und Beobachtungen bei anderen, befürchtet. Eine gestresste junge Mutter bin ich jedenfalls nicht. Ein Toast auf die Gelassenheit, die mit dem Alter kommt!

Sicher, die ersten Wochen komme ich aus dem Schlafanzug kaum heraus. Und dass ich irgendwann in meinem Vor-Kinder-Leben mal an Einschlafschwierigkeiten litt, kann ich mir beim besten Willen nicht mehr vorstellen. Wachliegen? Sich im Bett wälzen? Jetzt schlummere ich, bevor die Augenlider geschlossen sind, im Sitzen, im Auto, im Wartezimmer oder wo immer sich die Gelegenheit ergibt. Natürlich finde auch ich vieles erst einmal neu, ungewohnt und manches ein bisschen unheimlich: Das erste Bad etwa – wie das Baby halten, ohne es zu ersäufen? Hat das Wasser die richtige Temperatur, und immer die Angst, dass mir der glitschige Zwerg aus den Händen rutscht. Die Sorge, ob er an der Brust genug trinkt, und, nachdem die Ärztin wegen zu großer Gewichtsabnahme rät zuzufüttern, ständig die Überlegung, wie viel muss er nun aus der Flasche bekommen, wie oft soll ich abpumpen, ihn wie lange anlegen?

Im Libanon bieten Apotheken nicht, wie in Deutschland, Babywaagen zum Ausleihen an. Die Küchenwaage geht nur bis zwei Kilogramm, und unsere Versuche, den Zwerg auf der normalen Personenwaage zu wiegen, enden entweder mit absurden Ergebnissen (vier Kilo in einer Woche zugelegt, das kann einfach nicht sein!) oder mit herzerbarmenden Schreien des Sohnes, der nicht versteht, warum wir ihn auf diese komische Glasplatte legen wollen. Mein Mann kommt schließlich auf die ebenso einfache wie wirksame Idee, sich erst allein und dann mit Kind im Arm auf die Waage zu stellen – das geht ganz ohne Geschrei und bringt ziemlich genaue Ergebnisse.

Alles in allem ist es eine entspannte Zeit voller großer Gefühle, und schon nach wenigen Tagen können wir uns ein Leben ohne Kind überhaupt nicht mehr vorstellen – obwohl wir ein solches Leben ja über 40 Jahre lang geführt haben. Und dabei auch durchaus glücklich waren.

Ein kluger Mann, der englische Kinderarzt und Psychoanalytiker Donald Winnicott, hat einmal gesagt, dass Frauen nach der Geburt in eine Art gutartige Psychose verfallen, in einen geistigen Ausnahmezustand, der ihnen helfe, die extreme Umstellung zu bewältigen. Das unterschreibe ich sofort, wobei das wohl für Frauen jeden Alters gilt. Als voll zurechnungsfähig würde ich mich in den Wochen nach der Geburt tatsächlich nicht bezeichnen. Wie kann man einfach nur dasitzen und ein noch sehr kleines, eher schrumpeliges Lebewesen, das zudem die meiste Zeit schläft, stundenlang anstarren und dabei unendlich großes Glück empfinden? Ich gestehe: Vor lauter Entrückung habe ich kurz nach der Geburt, noch im Hormonvollrausch, für Freunde und Verwandte eine Powerpoint-Präsentation gebastelt mit Fotos vom Neugeborenen, für deren Verbreitung mein Sohn mich hoffentlich nie verklagen wird. Freunde, möchte ich an dieser Stelle sagen, seht bitte großzügig über diesen Moment geistiger Verwirrung hinweg und erspart meinem Sohn, wenn er älter wird, diesen Fehltritt seiner späten Mutter.

Mein Gedächtnis ist ein Sieb, ich kann mir nicht einmal merken, wann ich zuletzt gestillt oder mit welcher Brust ich aufgehört habe. Bis mein Mann mir schließlich eine Art Stillplan am Computer entwirft und ausdruckt, in den ich alle Details eintragen kann – oder könnte, wenn ich es nicht ständig vergäße. Wenn ich aus dem Zimmer gehe, um irgendetwas zu holen, weiß ich an der Tür bereits nicht mehr, was ich holen wollte. »Ist das nun Still- oder schon beginnende Altersdemenz?«, frage ich mich, als ich wieder mal im Türrahmen stehe und nicht erinnere, warum ich überhaupt aufgestanden bin. Alle Hirnzellen senden nur auf Babyfunk. Das Wort »Mutterschutz« bekommt für mich eine völlig neue Bedeutung: Das Beschäftigungsverbot in den ersten Wochen nach der Geburt soll uns Frauen vermutlich in erster Linie davor schützen, uns pausenlos bis auf die Knochen zu blamieren, weil wir dummes Zeug reden und uns nicht einmal unseren eigenen Geburtstag merken können, geschweige denn komplizierte Zusammenhänge.

Eher amüsiert nehme ich die landesüblichen Bräuche und Weisheiten in Sachen Säuglingspflege zur Kenntnis. Andere Länder, andere Sitten, das fängt schon im Krankenhaus an, wo die frischgebackenen Eltern Besucher mit zu kleinen Kunstwerken aufgetürmten Schokoladentäfelchen, Pralinen und Bonbons empfangen – das Haus der Schlümpfe, ein Schiff, eine Kutsche, ein Miniaturporsche, ein Baum, das Ganze arrangiert von einschlägigen Fachgeschäften, deren Preise eher an Feinunzen Gold denken lassen als an Schokolade. Werden Mutter und Kind dann entlassen, zieht das Schokokunstwerk mit, für die nächste Runde von Besuchern daheim. Die kommen in der Regel unangemeldet, offenbar geht jeder davon aus, dass Mütter mit neuen Babys grundsätzlich zu Hause sind. Die ersten

40 Tage jedenfalls sollen sie nicht vor die Tür gehen. Zu groß sei die Gefahr von Infektionskrankheiten und noch viel größer das Risiko des bösen Blicks. Die Welt ist voller Neider, und nichts zieht Neid und Eifersucht so an wie ein süßes, unschuldiges Baby.

40 Tage im Haus! Das halte ich nicht aus, nach spätestens zehn Tagen will ich mit dem Kleinen an die Luft, zumal draußen wunderbare Dezembersonne lockt. Vitamin D pur! Das können wir beide gut gebrauchen. Also schnalle ich mir das Baby vor die Brust und marschiere los in den nahe gelegenen Park. Dass es den überhaupt gibt, ist ein kleines Wunder in Beirut, wo Spielplätze und Grünflächen als Kapitalverschwendung gelten. Läge die Stadt nicht zufällig am Meer, wären wir längst alle im Smog zwischen den Häusern erstickt. Es dauert keine zehn Minuten, da spricht mich ein älterer Mann an: Mit einem so kleinen Baby dürfe ich doch nicht das Haus verlassen, das sei gefährlich, schlecht für die Gesundheit, die Sonne und überhaupt. Ich nicke freundlich und ziehe weiter.

Vor dem bösen Blick ist man offenbar selbst im Kreise von Freunden und Bekannten nicht gefeit. Als wir unseren Sohn etwa einen Monat nach seiner Geburt zu einem großen Familientreffen mitbringen, bei dem auch Nachbarn und Bekannte zugegen sind, und das Baby von Arm zu Arm wandert, beobachte ich, wie sich der Blick der Tante meines Mannes zunehmend verfinstert. Als mein Sohn nach einer Runde durch den Raum wieder bei mir landet, nimmt sie ihn mir mit resolutem Griff aus dem Arm und verschwindet im Nebenzimmer. Ich höre sie durch die Tür leise murmeln und will hinein. Die Cousine hält mich zurück und erklärt: Sie betet für ihn, all die Blicke, all die Hände, er braucht jetzt Schutz.

Interessant finde ich auch die Theorie derselben, übrigens kinderlosen Tante, tägliches Baden öffne die Poren des Babys und helfe ihm beim Wachsen. In der Praxis halte ich mich lieber an die Empfehlung von zwei bis dreimal pro Woche als richtiges Maß für die empfindliche Säuglingshaut. Der Hinweis meiner Schwiegermutter, zu viel Herumtragen schade dem Baby, hätte hingegen von meiner Mutter stammen können – jede Generation hat eben ihre eigene Grundüberzeugung in Sachen Babypflege und Erziehung, über die dann nicht selten schon die nächste Generation die Hände über dem Kopf zusammenschlägt. Und Spätgebärende lassen sich von Müttern und Schwiegermüttern vermutlich noch weniger reinreden in den Umgang mit ihren Babys, haben wir doch in der Regel mehrere Meter Fachliteratur auf dem Nachttisch liegen und fühlen uns auf dem neuesten Stand aller Wissenschaft. Abgesehen davon, dass nur wenige von uns noch im selben Ort wohnen wie unsere Mütter.

Schön finde ich den Brauch, jedem Besucher eine Schüssel traditionellen Pudding aus Reismehl mit Gewürzen und einer Garnitur aus Pistazien, Mandeln und Walnüssen zu servieren, zumal die Mutter des Neugeborenen jedes Mal eine Schüssel mitessen soll, da diese *mghle* angeblich die Milchbildung anregt. Auch über die große Schachtel liebevoll geformter Blumen aus selbstgemachtem Marzipan, die meine Schwiegermutter uns bringt, freue ich mich sehr.

Ansonsten lese, lese, lese ich, wann immer ich die Augen offen halten kann. Auch weil es im Libanon keine Hebammen gibt, die wie in Deutschland von den Krankenkassen bezahlte Hausbesuche abstatten, um neue Eltern in das Einmaleins der Babypflege einzuführen. Auf meinem Nachttisch stapeln sich Klassiker wie *Babyjahre*[73] und *Oje, ich* *wachse!*⁷⁴ – Bücher, in denen ich das, was ich Tag für Tag beobachte, nachlesen und mir erklären lassen kann. Außerdem frage ich der Kinderärztin ein Loch in den Bauch. So gesehen bin ich wohl eine typische späte Mutter, eine, die alles richtig machen will und besorgt über das Wohl ihres kostbaren Nachwuchses wacht.

Dazu stehe ich. Nach all den Jahren ohne Kind finde ich ein bisschen Glucken legitim. Ich weiß nicht, wie ich mich gefühlt hätte, wenn ich das alles schon mit 25 oder mit 30 erlebt hätte. Ich kann nur sagen: Jetzt genieße ich es. Sehr. Jeden Tag aufs Neue. Und ich stimme allen Forschern zu, die sagen, bei späten Müttern sei die allgemeine Zufriedenheit in den Monaten nach der Geburt und auch darüber hinaus besonders hoch.

Es kommt der erste Jahreswechsel mit Baby, und wir freuen uns, gar nicht erst überlegen zu müssen, wo wir feiern. Endlich können wir guten Gewissens zu Hause bleiben. Stattdessen kommen deutsche Freunde zu Besuch, zwei Mütter mit ihren 13-jährigen Töchtern. Bildlicher könnte mir meine späte Mutterschaft kaum vor Augen geführt werden: Da sitzen die Teenager-Töchter meiner nur unwesentlich älteren Freundinnen mit meinem Baby auf dem Schoß und bespielen es begeistert. Und trotzdem fühlt es sich gut an. Ich freue mich auf das, was vor mir liegt, und meine Freundinnen sind froh, mit ihren Töchtern da zu sein, wo sie heute sind. Mich mit meinem Sohn zu sehen, weckt bei ihnen viele Erinnerungen, über die sie mit ihren Töchtern lachen.

»Mami, habe ich das auch gemacht?«, fragen beide immer wieder nach, wenn es um diese oder jene Gewohnheit meines Sohnes geht. Die beiden sind fast genau so alt wie ich war, als meine erste Nichte zur Welt kam. Obwohl nicht von späten Müttern geboren, sind beide Einzelkinder – ein Schicksal, das heute keineswegs dem Nachwuchs später Mütter vorbehalten ist. Wie viele Frauen in meinem Freundeskreis, die deutlich früher als ich ihre Kinder bekommen haben, sind sie beide alleinerziehend, waren es mehr oder weniger von Anfang an. Ich hoffe, mein Mann und ich werden auch dann noch ein Paar sein, wenn unser Sohn im Alter ihrer Töchter ist!

Es sind idyllische Monate. Natürlich gibt es auch Momente der Erschöpfung – und Tage, an denen ich mich abends frage, was ich eigentlich seit dem Aufstehen gemacht habe, um ohne sichtbares Ergebnis – großes Chaos in der Wohnung und auch sonst nichts Erwähnenswertes geschafft – so müde zu sein. Alles in allem aber hält das mir von den Forschern vorhergesagte Wohlbefinden an. Glucke im Glück!

Nach zehn Wochen fange ich wieder an zu arbeiten. Vollzeit. Mit Verantwortung für sechs internationale Projekte. Erleichtert stelle ich fest, dass sich darüber im Libanon niemand wundert. Im Gegenteil: Meine Schwägerin, deren Sohn vier Wochen nach unserem Sohn geboren wurde, kehrt zeitgleich mit mir ins Büro zurück – der gesetzliche Mutterschutz im Libanon wurde gerade um eine Woche auf sieben Wochen verlängert, für sie zu spät, sie muss nach sechs Wochen wieder ins Büro und der Kleine in die Krippe. Ich stelle fest, meine Sorge, was die Schwiegermutter wohl sagt, wenn ich so rasch wieder anfinge zu arbeiten, ist unbegründet. Im Libanon gibt es kein Geraune über Rabenmütter oder Stirnrunzeln, dass so kleine Kinder doch zur Mutter gehören. Das Leben ist, wie es ist, und dazu gehört, dass in den meisten Familien heute beide Partner arbeiten müssen, damit es am Ende des Monats reicht.

Wir wären sicher erst einmal mit einem Gehalt ausgekommen. Die Vorstellung aber, dass einer komplett aussteigt und der oder die andere allein für die Familie malochen muss, behagt uns nicht. Auch wenn wir zunächst gar keinen Plan haben, wie wir unsere Zeit einteilen wollen. Ich hatte nicht das Gefühl, dies mit meinem Mann vorab im Detail besprechen und festlegen zu müssen, ein Zeichen großen Vertrauens: Ich weiß einfach, wir werden uns beide kümmern. Nicht einen Moment fürchte ich, ich könnte mich am Ende wie eine alleinerziehende Mutter mit gelegentlich präsentem Vater fühlen.

Die ersten zwei Monate nach meinem Wiedereinstieg wursteln wir uns irgendwie durch, was natürlich nur geht, weil wir beide von zu Hause aus arbeiten beziehungsweise mein Büro im selben Gebäude liegt wie unsere Wohnung – und solange der Kleine noch einen Großteil des Tages verschläft. Als wir schließlich beide das Gefühl haben, so geht es beim besten Willen nicht weiter, organisieren wir eine Tagesmutter. Für uns das perfekte Modell! Wir haben den Kleinen immer in der Nähe, und ich genieße es, mich mal wieder längere Zeit am Stück und ohne Unterbrechung auf eine Sache konzentrieren zu können.

Auch hier gilt: Ich bin mir des Luxus der Situation bewusst. Wenn mir danach ist, laufe ich mal schnell zwei Treppen runter und spiele kurz mit meinem Sohn. Ich kann ihn bequem stillen. Er kann eines seiner vielen Schläfchen auf dem Sofa in meinem Büro machen. Und ich muss mich nicht mit den typischen Schuldgefühlen einer deutschen Mutter plagen, denn ich bin ja immer in der Nähe, er muss nicht schon morgens um sieben aus dem Bett gerissen werden, damit ich ihn vor der Arbeit in der Krippe abgeben kann. Er bleibt in seiner gewohnten Umgebung, Mama und

Papa sind immer in der Nähe – wobei das für uns vermutlich wichtiger ist als für ihn.

Mir würde es schwerfallen, ihn jetzt schon für mehrere Stunden aus dem Haus zu geben, das gebe ich offen zu. Nicht weil ich denke, es würde ihm schaden, sondern weil ich ihn einfach gern in meiner Nähe weiß. Habe ich nicht vor ein paar Wochen noch mühelos den ganzen Tag damit verbracht, ihn anzusehen? Und doch genieße ich es auch, wieder zu arbeiten, meine Projekte weiterzuführen. Vor dem grundsätzlichen Dilemma jeder arbeitenden Mutter schützt auch die späte Mutterschaft nicht. Doch habe ich heute größere Chancen, das Beste aus beiden Welten zu genießen, als ich vor zehn oder fünfzehn Jahren gehabt hätte. Nicht mein Job und ökonomische Zwänge bestimmen, wie ich das Leben mit Kind gestalte, sondern meine finanziellen Möglichkeiten, mein Job und meine stabile Partnerschaft erlauben mir, das Leben mit Kind zumindest weitgehend so zu gestalten, wie ich es will. Ich kann glucken und gleichzeitig am Schreibtisch sitzen. Lebensprojekt Kind? Auch. Aber nicht nur.

Wäre mir das mit Ende zwanzig, Anfang dreißig in meiner damaligen Beziehung und mit meinem damaligen Job auch gelungen? Es hätte mehr Reibung gegeben, da bin ich mir sicher, über die Aufteilung der Verantwortung zwischen uns Eltern und darüber, wer wie viel Zeit für seine Arbeit aufwenden kann. Ich hätte sehr viel mehr Zeit mit dem Kind allein verbracht, hätte mich über längere Phasen hinweg eher wie eine alleinerziehende Mutter gefühlt. Wenn unsere Beziehung den Übergang zur Elternschaft überhaupt dauerhaft überstanden hätte. Die Ahnung bleibt: Es wäre ein ständiges Ringen darum gewesen, dass auch er sich zuständig fühlt. Etwas, worüber ich jetzt kein Wort verlieren muss, weil es einfach so ist. Keine Debatten, wer nun an der Reihe ist, das Kind ins Bett zu bringen, keine Frage, dass wir Termine miteinander besprechen und abstimmen und keine Dienstreisen planen, ohne den anderen zuvor zu konsultieren. Natürlich würde es oft reichen, wenn einer von uns beiden da ist, sich kümmert. Wenn unsere Zeit es erlaubt, kümmern wir uns aber gern gemeinsam. Wir sind gern Familie.

Ist das schon Zuwendungsterror? Sind wir nun doch geworden, was wir auf keinen Fall sein wollten: Helikopter-Eltern, die ständig um den Nachwuchs kreisen? Ganz freisprechen können wir uns davon wohl nicht. Andererseits: Wann wurde aus dem positiv besetzten »wohlbehütet« das pathologisierte »überbehütet«? Und wie geht es zusammen, dass die arbeitende Mutter als »Rabenmutter«, die Nur-Mutter aber gleich als »Übermutter« gilt, die ihr Kind durch allzu fürsorgliche Belagerung verdirbt?

Sich in Deutschland als gute Mutter zu fühlen, ist gar nicht so leicht! Zum Thema Kinder hat jeder eine Meinung, und Erziehungsexperten gibt es wie Sand am Meer. Wer sich als Mutter in den Dschungel der Ratgeber-Literatur wagt, lernt schnell das Fürchten. Ziehe ich wirklich unweigerlich einen Tyrannen groß, wenn ich mal wieder nicht konsequent nein sage, wenn der Sohn bei uns im Bett schlafen will, wenn er mit der Fernbedienung spielen darf, wenn er trotz wiederholten Versuchen, ihm das abzugewöhnen, seine neu eingeschossenen Milchzähne leidenschaftlich an meinen Fingern wetzt? Gebe ich mein Kind der Verweichlichung preis, wenn ich für ihn immer eine Trinkflasche mit Wasser dabei habe? In Beirut, wo das Thermometer im Sommer locker über Wochen hinweg 40 Grad erreicht, meines Erachtens ein schlichtes Gebot des Verstands, aber keine »Verwöhnungsfalle«[75].

Normale Entwicklungsschritte würden – vor allem von späten Eltern – zur Ausnahmeleistung erklärt, warnen Pädagogen. Ist das so? Natürlich freue ich mich diebisch, als mein Sohn anfängt zu laufen – genau einen Tag vor seinem ersten Geburtstag marschiert er plötzlich los. Obwohl ich weiß, dass unter normalen Umständen jedes Kind irgendwann anfängt zu laufen. Aber darf ich es nicht doch als kleines persönliches Wunder empfinden, dies bei jenem Wesen zu beobachten, das ich zwölf Monate zuvor als hilflos schreiendes Bündel in den Armen hatte?

Ich mag mich nicht ständig fragen, was nun Überhöhung und was noch »normale« Mutterfreude ist. Ich weiß aber auch, dass ich für meinen Sohn niemals, NIEMALS eine Geburtstagsfeier organisieren werde, wie ich sie hier einmal zufällig in einem edlen Restaurant in der Beiruter Innenstadt beobachtet habe: Das Geburtstagskind, ein Mädchen von etwa vier oder fünf Jahren, war in rosa Tüll gekleidet und wurde in einer Sänfte (!) von einer Band begleitet ins Restaurant getragen. Ich musste mich schwer zusammennehmen, der bizarren Prozession nicht ins Restaurant zu folgen und mir die Mutter anzusehen oder sie gar zu fragen, was sie denn glaubt, was ihre »Prinzessin« später vom Leben so erwarten würde.

Gerade weil wir späten Eltern den Ruf von Superglucken haben, deren Kosmos sich nur noch um das Projekt Kind dreht, frage ich mich selbst immer wieder kritisch: Ist der Nachwuchs wirklich unser Fetisch? Oder sind wir einfach nur glückliche, aufmerksame und engagierte Eltern in einer an Kindern immer ärmeren Welt? Wann gebe ich Geborgenheit und Sicherheit – und wann sind meine Ängste, meine Liebe erdrückend? Und was hat das damit zu tun, dass ich so spät Mutter geworden bin?

Marie Theres Rellin ist die einzige Tochter der Schauspielerin Maria Schell. Die war 40, als ihre Tochter auf die Welt kam, und ließ sie, aus lauter Angst, ihr könnte etwas passieren, rund um die Uhr bewachen. Noch heute erzählt Rellin davon, wie ihre Mutter das Kindermädchen anwies, ihr beim Laufen auf Schritt und Tritt zu folgen, damit sie bloß nicht hinfiele. Rellin: »Mit drei Jahren hatte ich den Reflex verlernt, mich mit den Händen abzustützen.«[76]

Auch das Kindermädchen unseres Sohnes läuft ständig hinter ihm her, um zu verhindern, dass er fällt. Ich habe sie nicht darum gebeten. Aber ich kann sie verstehen, zu groß ist ihre Angst, ihm könnte in ihrer Obhut etwas passieren. Und auch wenn ich sie ermuntere, ihn ab und zu allein zu lassen, ihm die Möglichkeit zu geben, seine Grenzen zu testen, herauszufinden, was er schon kann und was noch nicht – was sage ich, wenn er sich tatsächlich unter ihren Fittichen den Kopf aufschlägt?

Die erste dicke Beule holt er sich zum Glück, als ich mit ihm allein bin. Ein traumatischer Augenblick! Für mich viel mehr als für ihn. Klar, er weint heftig, beruhigt sich aber schnell wieder. Ich dagegen möchte am liebsten selbst mit dem Kopf gegen den Tisch rennen, an dem er sich gestoßen hat. Hätte ich ihn nicht auffangen können? Ihn vor diesem Schmerz, dieser dicken blauen Beule am Kopf bewahren können? Für einen Moment bin ich überzeugt, die Beule werde platzen und mein armer Liebling blutüberströmt zu Boden gehen. Einer Superglucke passiert so etwas sicher nicht. Wenigstens habe ich noch den Reflex, Eiswürfel aus dem Tiefkühlfach zu holen. Er brüllt wie am Spieß, als ich sie ihm auf die Stirn lege – und als die Beule nach fünf Minuten das Ausmaß eines Hühnereis hat, oder, na ja, eines Wachteleis, kann ich dem Reflex, die Kinderärztin anzurufen, nicht widerstehen. Die beruhigt mich. Solange er nicht bewusstlos werde oder orientierungslos wirke, sei alles in Ordnung. Die Stirn werde ein paar Tage lang in allen Farben schillern, das sei es dann aber auch.

Sich zum ersten Mal in einer solchen Situation zu erleben, ist aufschlussreich. Ich muss mich als Mutter ja selbst erst einmal kennenlernen. Bin ich ängstlich? Hysterisch? Unvorsichtig? Geduldig? Einfallsreich? Fordernd? Fördernd? Lustig? Streng? Konsequent? Langmütig? Aufbrausend? Großzügig? Ausdauernd? Wie werde ich reagieren, wenn sich mein Engel zum ersten Mal laut brüllend vor mir auf den Boden wirft, weil er etwas anderes will als ich?

Vor ein paar Monaten besuchte ich mit einem Kollegen zusammen eine Konferenz in Tunesien. Während einer Kaffeepause stehen wir gemeinsam im Foyer, und er beobachtet meinen Sohn, wie der in dem Gewusel von einem fremden Menschen zum nächsten wandert, mit allen scherzt, zwischendurch kurz Ausschau hält, ob ich noch da bin, und dann weiter seine Runden zieht. Der Kollege, selbst Vater von zwei kleinen Kindern und mit einer Psychologin verheiratet, meint daraufhin: »Meine Frau würde jetzt sagen: Er agiert aus einem Gefühl sicherer Bindung heraus.«

Ich wäre ihm am liebsten um den Hals gefallen. Hören wir nicht alle gern, dass wir alles richtig machen? (Dabei hat mein Kollege das mit keiner Silbe gesagt, aber das war es, was ich gehört habe, hören wollte.) Auch wenn niemand genau definieren kann, was »richtig« eigentlich heißt.

Stecke ich mit dieser diffusen Sehnsucht nicht schon mitten in der »Projekt Kind«-Falle, indem ich mein Selbstwertgefühl davon abhängig mache, wie es meinem Kind geht und was andere über ihn und damit über mich als Mutter sagen? Immerhin kann ich mich trösten, fiel die Bemerkung im Rahmen einer Konferenz in Tunesien, an der ich als Projektmanagerin teilnahm und nicht als Mutter. Doch wie nehmen mich die anderen wahr, wenn ich mit Baby zur Konferenz komme? Als ich mich einem der anderen Teilnehmer vorstellte, sagte er: »Ach, Sie sind das, ich habe schon viel von Ihnen gehört, aber gestern Abend standen Sie ganz im Schatten Ihres Kindes.«

Nach einer anderen Konferenz, bei der mein Sohn ebenfalls dabei war, schrieb mir eine Frau eine E-Mail – ich konnte sie nicht gleich einordnen und fragte zurück: »Sind Sie sicher, dass wir uns persönlich begegnet sind?« – »Ja«, schrieb sie zurück, »Sie hatten ein entzückendes Kind auf dem Arm.« Nicht »Wir haben uns so anregend über die Menschenrechtssituation im Nahen Osten unterhalten« oder »Sie haben einen brillanten Vortrag über soziale Medien gehalten«, sondern »Sie hatten ein entzückendes Kind auf dem Arm.«

Gehe ich zu weit? Treibe ich einen Kult ums Kind? Dreimal war ich bisher ohne meinen Sohn auf Dienstreisen: in Paris, London und Istanbul, und jedes Mal habe ich mich bemüht, so schnell wie möglich wieder zu Hause zu sein. Früher hätte ich die Gelegenheit, ein Wochenende in Paris zu verbringen, garantiert nicht ausgeschlagen. Jetzt bin ich mit dem letztmöglichen Flieger vor der Sitzung hin und mit dem erstmöglichen wieder zurück. In London und Istanbul dasselbe Spiel. Also doch Helikopter-Mutter, die über ihrem Projekt-Kind kreist? Ich empfinde es anders. Paris, London, Istanbul ohne Kind habe ich einfach schon oft erlebt – und werde es eines Tages bestimmt auch wieder ohne Kind erleben und genießen. Aber im Moment fehlt mir einfach etwas, wenn ich allein auf Reisen bin. Während ich früher oft erst auf Reisen das Gefühl hatte, ganz bei mir zu sein, komme ich mir jetzt, wenn ich allein am Flughafen sitze, unvollständig vor, ertappe mich dabei, wie ich intensiv andere Reisende mit Kind beobachte, wie ich überlege, ob die jünger oder älter sind als mein Sohn und will einfach nur so schnell wie möglich wieder nach Hause.

Mit Kind und Kegel verreise ich dagegen ausgesprochen gern. New York mit Kleinkind zum Beispiel ist klasse, man bekommt einen ganz anderen Blick auf die Stadt, lässt sich treiben, bekommt den Mikroblick für die kleinen Feinheiten eines Viertels und fühlt sich viel weniger als Tourist. Spielplätze werden zu den wahren Sehenswürdigkeiten, und das Interessanteste am Time Square ist plötzlich der riesige Toys-R-Us-Laden. Ein heiteres Familien-Polaroid von uns hängt irgendwo in einem chinesischen Imbiss in Greenwich Village.

Natürlich beobachte ich aufmerksam auch andere späte Mütter – und ertappe mich gelegentlich selbst beim bösen Spiel der Mutterkritik. In Beirut traf ich auf der Weihnachtsfeier der ausländischen Korrespondenten eine Frau, die für die UNIFIL im Südlibanon arbeitet. Ich hatte meinen Sohn dabei, weil ich keinen Babysitter hatte für den Abend und der Vater auf Reisen war. So kam ich mit der Frau ins Gespräch, die mir erzählte, ihre Zwillinge seien gerade sechs Monate alt, aber sie bekäme sie eigentlich kaum zu Gesicht, da sie jeden Morgen um halb sieben das Haus verlasse, um zu ihrem Posten im Südlibanon bei der UNIFIL zu fahren, den internationalen Friedenstruppen, die die Grenze zwischen Libanon und Israel überwachen. Weil sie erst abends zurückkomme, wenn die Babys schon fast schlafen, beschäftige sie zwei Kindermädchen, die die Zwillinge rund um die Uhr betreuen. Denn sie ist außerdem noch Alleinerziehende. Ich habe nicht gefragt, wie alt sie ist, würde aber schätzen, ungefähr mein Alter.

Ideal ist das nicht, denke ich, unter diesen Umständen Kinder zu bekommen. Und schelte mich sogleich für das schnelle Urteil. Vermutlich hat sie es sich nicht ausgesucht. Gäbe sie den Job auf, wer würde dann für die Kinder und sie sorgen? Aber sollte sie auf Kinder verzichten, weil sie einen Job hat, der es ihr zwar ermöglicht, zwei Kinderfrauen einzustellen, der aber zugleich bedeutet, dass sie die Kinder selbst kaum sieht? Das kann in ein, zwei Jahren schon ganz anders aussehen, vielleicht ist sie dann auf einem Posten, der einen weniger aufreibenden Tagesablauf mit sich bringt und ein wunderbar entspanntes Leben mit den Kindern ermöglicht. Dann aber wäre es für sie vielleicht zu spät gewesen, die Kinder zu bekommen. Ich bin froh, dass wir unseren Tag anders organisieren können – aber deshalb habe ich nicht das Recht, anderen Frauen vorzuschreiben, wie sie ihr Dasein als Mutter organisieren.

Jeder lebt sein Leben. Und ich freue mich sehr über das meine. Weder verkorkst noch komplett geplant. Aber glücklich. Mit 25 war ich noch nicht bereit für ein Kind. Aber schon damals wusste ich, ich will beides: Karriere und Kind. Ich wollte nicht zu den rund 30 Prozent Akademikerinnen gehören, die tatsächlich kinderlos bleiben. Meine Ansichten zum Thema späte Mutterschaft sind natürlich stark durch meine persönliche Erfahrung geprägt. Dennoch glaube ich nicht, dass ich komplett anders dächte, hätte ich bereits mit Mitte zwanzig ein Kind bekommen.

Wir müssen endlich lernen, Frauen das Recht zuzugestehen, auch als Mütter ihr Leben nach individuellen Vorstellungen zu gestalten. Solange die Vereinbarkeit von Mutterschaft und Beruf – nicht nur in Deutschland – »das Ergebnis einer glücklichen individuellen Konstellation und nicht einer systematischen politischen Unterstützung«[77] bleibt, darf sich niemand wundern, wenn Frauen ihre eigenen Wege suchen, das Beste aus dem Dilemma zu machen. Und sei es durch die Entscheidung, das Kinderkriegen erst einmal auf morgen zu vertagen. Wir leben eben nicht mehr in den fünfziger Jahren, als Konrad Adenauer Politik zugunsten von Familien abwehren konnte mit dem Argument: »Kinder kriegen die Leute sowieso.« Das soll kein Plädoyer sein für einen allumfassenden Ruf nach Vater Staat. Doch gibt es Dinge, die sich nun mal nur begrenzt auf individueller Ebene regeln lassen – und wenn, dann mit viel Geld. Wer mühelos eine Vollzeitkinderfrau bezahlen kann, dem kann egal sein, ob es genügend Kindergarten- oder Kita-Plätze gibt. Für die Mehrheit der Frauen, der Familien aber gilt das nicht.

Junge Mütter, späte Mütter, Kinderlose: Tatsache ist, dass man den »perfekten Zeitpunkt« zum Kinderkriegen nur schwer oder auch gar nicht findet. Erst recht in einem Land, in dem es selbst im 21. Jahrhundert noch so schwer ist, Beruf und Familie miteinander zu vereinbaren, dass viele Frauen noch immer das Gefühl haben, wählen zu müssen zwischen dem einen oder dem anderen. Oder beides nur um den Preis des ständigen Gefühls der Unzulänglichkeit auf beiden »Baustellen« haben können. Lebensläufe sind individuell und unberechenbar. Vieles entzieht sich der Planung, kommt anders als erwartet oder gewollt. Als Gesellschaft sollten wir Frauen nicht vorschreiben, ob und wann sie Kinder bekommen. Junge Mütter, späte Mütter, arbeitende Mütter, Hausfrauen-Mütter, Teilzeit-Mütter, Karriere-Mütter – viele Wege führen zum Glück, und welcher für mich der richtige ist, musste ich selbst herausfinden. Wir als Gesellschaft sollten versuchen, Rahmenbedingungen zu schaffen, die jenen, die sich Kinder wünschen, die größtmöglichen Chancen geben, diesen Wunsch auch zu verwirklichen.

Für mich ist der Wunsch in Erfüllung gegangen. Dankbar genieße ich die vielen unerwarteten Momente der Mutterfreude. So wie bei meiner Reise nach Istanbul, zu der ich nur widerwillig, weil ohne Kind, aufbrach. Abends im Taxi zurück zum Hotel bemüht sich der Fahrer, ein alter Mann, mit den paar Brocken Englisch und Deutsch, die er aufgeschnappt hat, Konversation zu machen. Ich steuere ein paar Brocken Türkisch bei. Wir fahren an einer Bushaltestelle mit einer hell erleuchteten Pampers-Werbung vorbei: eine Mutter mit einem Baby auf dem Arm, das sich, nur mit einer Windel bekleidet, an sie schmiegt. *»Familie tschok güsel«*, radebrecht der Fahrer und zeigt auf das Plakat. Und macht dann eine halbe Drehung zu mir auf dem Rücksitz, den Zeigefinger direkt auf mich gerichtet: »Familie?«

Ich hole mein Telefon aus der Tasche und zeige ihm eines meiner Lieblingsfotos von meinem Sohn. Mit todernster Miene und steif gestreckten Beinen sitzt er auf einem Schwimmreifen, als würde er einen wilden Fluss bezwingen und nicht genüsslich im Baby-Pool floaten. Der Taxifahrer amüsiert sich königlich. *Tschok güsel* – »sehr schön, sehr schön«, sagt er mehrmals und fährt den Rest der Strecke zum Hotel mit einem Lächeln auf den Lippen.

Heute ist mein Alter am Geburtstag meines Sohnes eine Zahl, mehr nicht. Die Lebensgeschichte, die zu dieser Zahl geführt hat, habe ich in diesem Buch erzählt. Und das Schöne ist: Ich kann aus vollem Herzen sagen, für mich ist es gut, wie es ist.

QUELLEN

1 Familienreport 2011, »Leistungen, Wirkungen, Trends«, S. 20
2 ebd., S. 17
3 »(K)eine Lust auf Kinder?«, Bundesinstitut für Bevölkerungsforschung, S. 14. Die Angabe bezieht sich auf Westdeutschland, im Osten lag der Durchschnitt bei 29,6 Jahren.
4 Die Geburtenfolge wird nur für verheiratete Frauen statistisch erfasst.
5 *Tagesspiegel*, 2.8.2004
6 Claudia Voigt, »Frauen können alles haben. Sie sollten nur früher Kinder bekommen«, in: *Der Spiegel* 34/2012
7 Evelyn Holst, Eva Gerberding, *Wer sagt, dass Kinder glücklich machen? Von Vätern und Müttern am Rande des Nervenzusammenbruchs*, München 2012, S. 35
8 Meredith Haaf, Patrick Bauer, »Jetzt ein Baby?«, in: *Neon*, 1.1.2012
9 Bundesamt für Statistik 2009
10 Beate Lakotta, »Nachwuchs in der Warteschleife! Erst Karriere, dann Kinder: Ärzte verhelfen zu später Mutterschaft«, in: *Der Spiegel* 29/2001
11 Martin Bujard, »Talsohle bei Akademikerinnen durchschritten? Kinderzahl und Kinderlosigkeit in Deutschland nach Bildungs- und Berufsgruppen«, BiB Working Paper, September 2012
12 »(Keine) Lust auf Kinder?«, Bundesinstitut für Bevölkerungsforschung, S. 42; im Osten liegt die Zustimmung mit 36 Prozent deutlich niedriger.
13 Dorothea Krüger, Ingrid Herlyn, *Späte Mütter. Eine empirische Untersuchung aus biographischer Perspektive bei späten Erstmüttern in West- und Ostdeutschland*, Opladen 2003
14 Dela Kienle, »Lohnbremse Baby«, in: *Nido*, 1.6.2012

15 Elizabeth Gregory, *Ready. Why Women Are Embracing the New Late Motherhood*, New York 2012
16 Petra Fosen-Schlichtinger, »Späte Mütter«, in: *Psychologie heute*, 1.2.2006
17 Lisa Miller, »Parents of a Certain Age«, in: *New York Magazine*, 25.9.2011
18 Ausgewertet wurden die Daten von 18 000 Amerikanerinnen.
19 »Späte Eltern«, in: *Frankfurter Allgemeine Zeitung*, 29.8.2012
20 Christine Biermann, Ralph Raben, *In diesem Alter noch ein Kind? Das Glück der späten Schwangerschaft*, Freiburg 2010, S. 111
21 Elizabeth Gregory, *Ready. Why Women are Embracing the New Later Motherhood*, New York 2012
22 »Jetzt noch ein Baby?«, in: *Neon*, 1.1.2012
23 BiB Working Paper 4/2012, S. 19 ff.
24 »(Keine) Lust auf Kinder?«, Bundesinstitut für Bevölkerungsforschung, S. 23
25 5. Familienbericht 1999 – 2009. Die Familie an der Wende, herausgegeben vom österreichischen Ministerium für Wirtschaft, Familie und Jugend, S. 234
26 Rabea Krätschmer-Hahn, *Kinderlosigkeit in Deutschland. Zum Verhältnis von Fertilität und Sozialstruktur*, Frankfurt 2012, S. 47
27 Frank Schirrmacher, *Minimum. Vom Vergehen und Neuentstehen unserer Gemeinschaft*, München 2006, S. 75
28 Bundeszentrale für politische Bildung: Erwerbstätigkeit von Eltern nach Zahl der Kinder, 7.12.2012; die Zahlen beziehen sich auf Westdeutschland. In Ostdeutschland waren 60,4 Prozent der Mütter erwerbstätig, davon 54,2 Prozent in Vollzeit.
29 ebd.
30 »(Keine) Lust auf Kinder?«, Bundesinstitut für Bevölkerungsforschung, S. 39
31 MIPDR Working Papers 2012 – 013, Happiness: Before and after the kids (revised November 2012)
32 Angela Voß, *Ein Baby – jetzt, später oder nie? Das Dilemma der modernen Frau*, Hamburg 2004, S. 170
33 »Väter arbeiten deutlich länger als kinderlose Männer«, Bundesinstitut für Bevölkerungsforschung, Grafik des Monats 12/2011
34 ebd.

35 Julia Schaaf, »In der Arbeitsfalle«, in: *Frankfurter Allgemeine Zeitung*, 14.1.2012

36 Björn Schwentker, Demografie-Blog, Land ohne Väter, 28.6.2012, *http://www.demografie-blog.de/2012/06/land-ohne-vater/*

37 Nicole Althaus, Michele Binswanger, *Macho-Mamas. Warum Frauen im Job mehr wollen sollen*, Zürich 2012, S. 8

38 Stefanie Hellge, »Trennungsgrund Kind. Wenn Paare am Elternsein scheitern«, in: *Brigitte*, 14.7.2010

39 Corinna Onnen-Isemann, »Der Kinderwunsch als Kampf zwischen Realität und Idealen«, in: Walter Bien, Jan Marbach (Hg.), Familiale Beziehungen, Familienalltag und Soziale Netzwerke. Ergebnisse der drei Wellen des Familiensurvey, 2008, S. 119–145

40 Männer Leben, Studie zu Lebensläufen und Familienplanung – Vertiefungsbericht, herausgegeben von der Bundeszentrale für gesundheitliche Aufklärung, Köln 2005

41 ebd., S. 94

42 Judith Liere, »Fang den Mann«, in: *Neon*, 1.10.2012

43 Nicole Althaus, Michele Binswanger, *Macho-Mamas. Warum Frauen im Job mehr wollen sollen*, Zürich 2012, S. 95

44 Tina Klopp, »Jetzt oder nie! Ein Kind ohne Mann kriegen«, in: *Brigitte*, 22.8.2012

45 *http://bfriends.brigitte.de/foren/gehoeren-kinder-zu-einem-erfuellten-leben-dazu/15321-uber-35-und-kinderwunsch-aber-kein-mann-in-sicht-11.html*

46 Martin Bujard, *Geburtenrückgang und Familienpolitik. Ein interdisziplinärer Erklärungsansatz und seine empirische Überprüfung im OECD-Länder-Vergleich 1970 bis 2006*, Baden-Baden 2011, S. 169 ff.

47 Karin Sardadvar, »Wir lassen es jetzt darauf ankommen.« Deutungen von Empfängnisverhütung am Beispiel späten Kinderwunsches, in: *SWS-Rundschau* (50. Jg.), Heft 2/2010, S. 238

48 »Warum ist das mit den Kindern so kompliziert?«, *Frankfurter Allgemeine Zeitung*, 22.12.2012, S. 31

49 8. Familienbericht, S. 58

50 Angela Voß, *Ein Baby – jetzt, später oder nie? Das Dilemma der modernen Frau*, Hamburg 2004, S. 160

51 Thomas Klein, »Die Geburt von Kindern in paarbezogener Perpektive«, in: *Zeit für Soziologie*, Jg. 32, Heft 6, Dezember 2003, S. 506–527

52 Sabine Magerl, 37 – Mädels, wie die Zeit vergeht! Für Kinder ist es bald zu spät. Über das entscheidende Jahr im Leben einer Frau, in: *SZ-Magazin*, 24.3.2006

53 Angela Voß, *Ein Baby – jetzt, später oder nie? Das Dilemma der modernen Frau*, Hamburg 2004

54 Judith Liere, »Fang den Mann«, in: *Neon*, 1.10.2012

55 *Die Welt*, 3.2.2008

56 Talsohle bei Akademikerinnen durchschritten?, BiB Working Paper, 4/2012, S. 6

57 »Gibt es eine Trendumkehr in der Kinderzahl nach Geburtsjahrgängen in Deutschland«, Berliner Demografie-Forum, Working Paper, Ausgabe 4, Januar 2012, S. 5

58 Bundesfamilienministerium für Familie, Senioren, Frauen und Jugend: Geburten und Geburtenverhalten in Deutschland, September 2012, S. 11

59 Männer Leben, Studie zu Lebensläufen und Familienplanung – Vertiefungsbericht, herausgegeben von der Bundeszentrale für gesundheitliche Aufklärung, Köln 2005, S. 115

60 Datenblatt des Bundesministeriums für Familie, Senioren, Frauen und Jugend, Geburten und Geburtenverhalten, September 2012, S. 10

61 Zitate aus: Beate Lakotta, »Nachwuchs in der Warteschleife. Erst Karriere, dann Kinder: Ärzte verhelfen zu später Mutterschaft«, in: *Der Spiegel* 29/2001

62 Anke Heller, »Sehnsüchtig«, in: *Nido*, 1.11.2012

63 Lisa Miller, »Parents of a certain age«, in: *New York Magazine*, 25.9.2011

64 Martin Spiewak, Die biologische Uhr anhalten, in: *Die Zeit* Nr. 29, 11. Juli 2013, S. 32

65 ebd.

66 Bundesministerium für Familie, Senioren, Frauen und Jugend, Geburten und Geburtenverhalten in Deutschland, September 2012, S. 9

67 Anke Dürr, Claudia Voigt, *Die Unmöglichen. Mütter, die Karriere machen*, München 2006

68 Zum Nachlesen: *http://www.theatlantic.com/magazine/archive/2012/07/why-women-still-cant-have-it-all/309020/*

69 Anne-Marie Slaugther, »Was hält Frauen auf?«, 19.7.2012,

http://www.project-syndicate.org/commentary/what-s-stoppingwomen/german
70 Tanja Rest, »Kind und Karriere – ein Märchen?«, in: *Süddeutsche Zeitung*, 6.7.2012
71 Anja Maier, »Statussymbol Kind«, in: *Das Magazin*, 12.10.2012, *www.dasmagazin.de/?p=8063*
72 »Unsere Kinder sind gesund und reich – aber traurig«, in: *Die Welt*, 10.4.2013
73 Remo Largo, *Babyjahre*, München 2010 (11. Auflage)
74 Hetty van der Rjit, Frans X. Plooij, *Oje, ich wachse. Von den acht Sprüngen in der mentalen Entwicklung Ihres Kindes während der ersten 14 Monate und wie Sie damit umgehen können*, München 1998
75 Albert Wunsch, *Die Verwöhnungsfalle. Für eine Erziehung zu mehr Eigenverantwortlichkeit*, München 2013
76 Mareen Linnartz, »Nur geliebt oder schon verwöhnt?«, in: *Nido*, 1.12.2011
77 Simone Buchholz, »Wollen wir noch ein Kind?«, in: *Nido*, 1.6.2010